**마음의 상처를
치유하라**

"주께서 이르시되,
지혜 있고 진실한 청지기가 되어,
주인에게 그 집 종들을 맡아
때를 따라 양식을 나누어 줄 자가 누구냐?"

(눅 12 : 42)

님께

20   년   월   일

드림

청지기
영성훈련
특 강

마음의 상처를 치유하라

최재호 지음

청지기 영성 훈련은 업적이나 실적을 남기기 위한 훈련이 아니다.
하나님 앞에서 자신을 살피고, 각자의 삶의 영역에서 하나님의 뜻을
이루어 가는 성숙한 사람으로 준비시키는 훈련이다.

Healing from Trauma

타락한 창조 질서 가운데 살아가면서 우리가 불가피하게
경험할 수밖에 없는 여러 가지 고난과 마음에 쌓인 상처들을
치료하는 내적치유 과정과 방법을 설명한 영성 훈련서

healing books

추 천 사

정태기 총장

책 읽어주는 목사로 불려지길 원하는 최재호 목사가 쓴 이 책은 아버지의 마음으로 성도들에게 다가가서 성경속 인물들의 이야기를 예화로 사용하여 치유의 길라잡이로 하나님과 성도들을 쉽고도 가깝게 연결해 주는 좋은 책입니다.
〈청지기 영성 훈련 특강〉 3권으로 '마음의 상처를 치유하라' 이 책을 집필한 최목사는 신학적인 든든한 배경과 목회현장에서 성도들을 바라보며 힘들어하는 이들을 향한 영혼 사랑하는 마음이 엿보입니다.

우리는 누구나 마음속 한편에 상처를 가지고 있습니다.
이러한 상처는 나도 모르게 왜곡된 성격과 행동으로 나타나기도 합니다.
악한 세대 속에서 불의와 타협하지 않고 믿음을 지키며 승리하는 청지기가 되어야 하겠지만, 상처 때문에 주저앉아서 하나님을 외면하거나 잊어버리고 사는 이들에게 타락한 가치관이 지배하는 세상에서, 성경적인 가치관을 적용하고, 실천하며 살아가는 청지기적인 삶의 체계를 보여주는 영성훈련 지침서입니다.
상처는 마음속 깊이 치명상을 입히고는 회복되기까지 많은 시간과 노력이 필요합니다.
학생들을 가르치고 현장에서 치유사역을 하다보면 많은 사람들의 상처가 가정에서 발생되었거나 혹은 가까운 관계에서 비롯된 것을 보곤 합니다.

최재호 목사의 청지기 훈련 시리즈 제 3권 '마음의 상처를 치유하라'에서는 이를 거절감이라고 표현하며 성경 속 인물 야곱의 상처를 비유합니다.
야곱의 일생을 돌이켜보며 그가 왜 이런 행동을 했는지 어떤 거절감을 경험했는지를 상세히 보여주며 나 자신을 돌이켜 생각하게 합니다.
우리가 하나님께 나아갈 때에 상처가 자신의 발목을 잡을 때가 많습니다.
상처 입은 사람은 상처가 가시덩굴이 되어 자신을 옥죄고 하나님께 가는 것을 두렵게 만들어 좌절과 실패감으로 힘들게 살아갑니다.
그러나 치유 받은 후, 이 싸움을 이겨내고 주님께로 나아간다면 옥토에 뿌려진 씨앗 같은 심령이 될 것입니다. 나아가서 속사람까지 평안하고 진정한 하나님의 자녀요, 청지기로서의 삶을 살게 될 것입니다. 내가 받은 거절감정은 무엇이며 이로 인한 상처가 무엇인가를 발견해 내고 이를 치유할 수 있는 힘이 생길 것입니다.

이 책을 읽는 평신도나 목회자들께도 나의 삶에 적용하여 마음속의 상처를 치유받아 먼저 나를 용서하고 남을 용서하여 지혜로운 청지기로서의 자유와 해방을 누리게 될 것입니다.
영성 깊은 학자로서의 최재호 목사가 심혈을 기울여 집필한 이 책이 많은 성도들에게 읽혀지고 행복한 치유자들이 되기를 바라며 추천합니다.

2016년 9월   크리스찬치유상담대학원대학교 총장 정태기 목사

추천사

김진홍 목사

'글은 인격이다'라는 말이 있습니다. 어떤 글이든 글에는 그 글을 쓴 사람의 인격이 담기겠기에 이르는 말일 것입니다. 최재호 박사가 쓴 글을 읽으면서 저자의 인격이 고상하고 깊이가 있음을 느낄 수 있었습니다. 그의 책은 목회자들은 물론이려니와 평신도들도 꼭 읽어야 할 내용을 담고 있기에 기쁨으로 추천하는 바입니다. 최재호 박사는 경건과 학문을 겸비한 목회자입니다. 다른 무엇보다 최재호 박사는 제대로 공부한 일꾼입니다. 총신대학교 신학대학원을 졸업한 후 미국 칼빈 신학대학원에서 석사 과정을 마치고 웨스트민스터 신학대학원에서 기독교 변증학으로 박사 학위를 받았습니다. 그리고 미국에서 수년간 목회를 성공적으로 하다가 지금은 대구성일교회에서 담임목사로 시무하고 있습니다. 최재호 박사는 경건과 학문을 겸한 인재인데다 목양에 대한 투철한 사명감을 지닌 훌륭한 목회자입니다.

이번에 최재호 박사가 〈청지기 영성 훈련 특강〉이란 주제의 책을 3권의 시리즈로 출간하게 되었습니다. 책이 출간되기 전 원고를 먼저 읽을 수 있는 기회가 주어져 정독하면서 나 자신이 큰 공부가 되었습니다. 특히 1권의 주제인 〈나의 습관이 나의 영성이다〉라는 글에서 한국교회가 꼭 필요한 영성을 연마하기 위하여는 영성 훈련이 내면화되고 습관이 되어 체질이 바뀌어야 함을 강조하고 있습니다. 지당한 말입니다. 우리는 평소에 영성을 강조하면서도 그 영성을 온몸으로 익히는 데에 너무나 게으릅니다. 그래서 영성을 구호로만 외칠 뿐 체질화하여 우리들의 삶을 변화시키지를 못합니다. 이번에 출간되는 최 박사의 영성 시리즈 3권은 이점에서 한국교회에 큰 기여를 할 수 있는 내용을 갖추고 있습니다.

그리고 2권에서 주제로 다루고 있는 〈기독교적인 세계관〉의 문제는 목회현장에서나 신도들의 사회생활에 아주 중요한 내용입니다. 그간에 한국교회의 신학자들과 목회자들은 믿음을 강조하다 보니 그 믿음의 기초가 되는 세계관의 문제를 소홀히 하였습니다. 그런 터에 기독교적 세계관을 목회현장에서 적용하려는 최재호 박사의 노력이 크게 돋보입니다. 세계관의 문제는 저자가 지적하고 있는 바처럼 전쟁입니다. 영과 육의 전쟁이요, 세속적인 세계관과 성경적인 세계관과의 전쟁입니다. 이 전쟁에서 승리하는 것은 한국교회의 미래가 걸려 있는 중요한 문제입니다. 최재호 박사의 이 글이 한국교회 전체가 세계관 전쟁에서 승리할 수 있는 동력을 제공할 수 있기 바라며 추천의 글에 대신합니다.

2016년 5월　두레수도원 김진홍 목사

추천사

김장환 목사

목회현장은 신학이 뒷받침되어야 견실합니다.
신학은 목회현장에 적용되어야 풍요롭습니다.
제가 만난 최재호 목사님은 목회와 신학의 조화를 이룬 분입니다. 대구성일교회와 대신대학교에서 맺고 있는 풍성한 열매가 그 증거입니다.

성경적 세계관을 목회현장에 적용하고 영성과 통합하기 위한 최 목사님의 오랜 노력이 〈청지기 영성 훈련 특강〉시리즈로 결실을 맺었습니다.
우리는 이 특강들을 통해 나의 습관이 곧 나의 영성임을 깨닫고 우리 마음을 하나님의 말씀으로 채우기 위한 간절한 기도를 시작하게 될 것입니다.
소비자 중심적 쾌락주의에 빠진 악하고 음란한 세대에 맞서 오직 주님만을 바라보는 행복한 청지기의 삶을 회복하게 될 것입니다.

이 책을 읽는 모든 분들의 마음이 말씀과 기도로 치유되어 예수 그리스도를 온전히 뒤따르는 제자가 되기를 바라며 기쁜 마음으로 이 책을 추천합니다.

2016년 5월　극동방송 이사장 김장환 목사

머리말

"예수께서 제자들을 불러다가 이르시되, 이방인의 집권자들이 그들을 임의로 주관하고, 그 고관들이 그들에게 권세를 부리는 줄을 너희가 알거니와, 26) 너희 중에는 그렇지 않아야 하나니, 너희 중에 누구든지 크고자 하는 자는 너희를 섬기는 자가 되고, 27) 너희 중에 누구든지 으뜸이 되고자 하는 자는 너희의 종이 되어야 하리라. 28) 인자가 온 것은 섬김을 받으려 함이 아니라 도리어 섬기려 하고, 자기 목숨을 많은 사람의 대속물로 주려 함이니라"(마 20:25-28).

이 말씀 속에서 예수님은 자신이 이 땅에 오신 복음의 핵심을 압축적으로 설명하실 뿐만 아니라, 사람들의 삶을 이끌어가는 **두 가지 본성(혹은, 영성)을** 대조적으로 비교하면서 설명하신다. 하나는 이방인들의 **타락한 영성**이요, 다른 하나는 예수 그리스도 안에서 **거듭난 영성**이다.

이방인들의 타락한 영성은 다른 사람들 위에 군림하고, 자기를 높이고, 자기를 자랑하고자 하는 본성을 따라 살아가는 삶이다. 자기 자신을 모든 관계의 중심에 두고 자기의 힘과 영향력을 과시하고, 자신의 명예와 성공을 추구하는 삶이다. 경쟁에서 이기고 다른 사람 위에 군림하여 자신이 유명해지기를 바라는 것은 **타락한**

아담에게서 물려받은 인류 보편적인 본성이다. 아담은 하나님과 같이 되려는 마음에서 하나님께서 금지하신 명령을 어기고 선악을 알게 하는 나무의 열매를 따먹었다. 타락한 아담의 본성을 물려받은 인류는 다른 사람보다 자신을 더 높이려는 보편적인 본성을 가지고 살아간다. 예수님이 이방인들의 집권자들이 살아가는 모습이라고 말하는 타락한 본성을 가지고 살아가는 사람들의 삶의 특징은 군림과 자기과시이다. 모든 일에 다른 사람들과 경쟁해서 이기지 못하면 패배자요, 실패한 인생이라고 생각한다.

　　예수 그리스도 안에서 거듭난 영성은 자신을 드러내고, 다른 사람들 위에 군림하여 다스리려는 본성을 따라 살아가는 삶이 아니라, 예수 그리스도의 성품을 닮아 가는 삶이다. 예수님의 성품은 하나님과 같이 되려고 하나님의 계명을 무시하고, 하나님께 불순종하여 타락한 아담의 본성이 창조 시의 원래의 모습으로 회복된 것으로써, 하나님의 뜻에 철저하게 순종하는 것이다. 예수 그리스도의 성품을 따라가는 삶은 자기를 낮추고, 하나님의 부르심에 적극적으로 반응하며 순종하는 삶이다. 예수 그리스도 안에서 거듭난 영성이 이끌어가는 삶의 특징은 군림과 자기과시가 아니라, 섬김과 희생이다. 그래서 예수님은 제자들에게 자기를

머 리 말

과시하고 으뜸이 되려고 하지 말고, 자신을 낮추고 겸손하게 섬기는 자가 되어야 한다고 말씀하신 것이다.

　　청지기 영성 훈련은 자신의 성공과 업적을 추구하고, 야망에 충실한 본성을 자극하고 격려하는 훈련이 아니라, 자신의 업적보다는 하나님의 나라를 구하고, 자신의 명예보다는 하나님의 영광을 추구하며, 하나님의 뜻에 적극적으로 순종하는 내적인 성품을 갖추도록 훈련하는 것이다. 자신의 성공을 추구하는 아담의 타락한 본성이 아니라, 섬기러 오신 예수 그리스도의 성품을 닮아가도록 준비시키는 훈련이다.

　　청지기로 살아가는 사람의 임무는 자신의 명예와 야망을 추구하기 보다는, 우리를 창조하시고 구원하신 하나님의 뜻을 따라 "하나님을 사랑하고, 이웃을 사랑하라."는 하나님의 명령을 자신의 삶 속에서 끊임없이 실천하려고 노력하는 것이다.

　　따라서 청지기 영성 훈련은 업적이나 실적을 남기기 위한 훈련이 아니다. 하나님 앞에서 자신을 살피고, 하나님의 뜻을 이루어 가는 성숙한 사람으로 준비시키는 훈련이다. 자신을 내세우지 않고,

하나님의 뜻을 따라 자신에게 주어진 사명을 성실하게 감당할 줄 아는 하나님 나라의 성숙한 일꾼을 양육하는 훈련이다.

　　성경적 세계관의 관점에서 청지기적 사명을 실천하는 영성 훈련의 원리를 세 부분으로 나누어서, 세 권의 책으로 구성하였다. 제1권, 〈나의 습관이 나의 영성이다〉에서는 창조 세계 속에서 하나님의 부르심에 지혜롭고 충성스럽게 응답하며 살아가는 실천적 삶의 원리를 설명하였다. 제2권, 〈믿음은 세계관의 전쟁이다〉에서는 하나님을 잊어버린 타락한 가치관이 지배하는 세상에서 성경적 세계관을 적용하고, 실천하며 살아가는 청지기적 삶의 체계를 설명하였다. 제3권, 〈마음의 상처를 치유하라〉에서는 우리가 이 세상에 살아가면서 여러 가지 갈등과 아픔과 마음의 상처를 경험할 수밖에 없는 구조적인 상황을 설명하였다. 그리고 창세기에 기록된 야곱의 가정에서 일어난 여러 가지 갈등과 아픔과 상처들이 치유되는 과정을 관찰함으로써 우리의 마음에 쌓인 상처를 치료하는 내적 치유과정과 방법을 설명하였다.

Contents

목차

Chapter One
인생은 전쟁이다   21

전쟁은 듣는 것에서부터 시작되었다   25
전쟁의 핵심은 마음 속에서 벌어지는 죄와의 전쟁이다   29
죄의 특징은 하나님을 대적하는 것이다   31
죄는 하나님의 창조 계획을 실패하게 만들었는가?   35
영적 전쟁의 구도   39

Chapter Two
하나님의 선하신 창조   45

하나님께서 천지를 창조하셨다   48
인간을 특별한 존재로 창조하셨다   53
인간에게 대리자의 사명을 주셨다   58
보시기에 심히 좋았더라   64

Chapter Three
사탄의 파괴적인 공격   69

사탄의 공격   71
죄의 결과로 나타난 심리적 증상들   76
- 존재에 대한 불안   76
- 하나님에 대한 두려움   78
- 안전에 대한 방어본능   79
죄의 결과로 나타난 관계의 분리 현상들   83
- 창조자 하나님과의 분리   84
- 인간 관계의 분리   86
- 세상과의 분리   91
- 영혼과 육체의 분리   93

Chapter Four
치료를 위한 하나님의 개입   99

억제를 위한 개입 102
- 범죄 당사자들을 벌하심 103
- 창조 질서에 역행하는 행동을 억제시킴 107
- 집단적인 죄악을 심판하심 111

치료를 위한 부르심 115
- 하나님의 부르심 117
- 회복에 필요한 은혜를 베푸심 119
- 회복을 위한 대리자를 세우심 122

하나님이 직접 찾아 오심 124

Chapter Five
상처받은 자신을 위로하라   129

자신의 상처를 진단하라 132
야곱이 경험한 상처 134
- 모태에서 경험한 거절감 137
- 가정에서 받은 거절감 145
- 삶의 현장에서 받은 거절감 148

야곱이 가족들에게 준 상처 152
- 아내들에게 준 거절감 152
- 자식들에게 준 거절감 157

분노로 폭발한 아들들의 상처 159
상처는 암호된 거짓 믿음으로 마음에 기억된다 167
치유되지 않은 상처가 유발하는 증상들 170
상처받은 자신을 위로하라 172

Chapter Six
다른 사람의 상처를 위로하라   179

베냐민에게 집착하는 야곱의 트라우마 181
아버지의 마음을 경험한 유다 190
자신의 불의함을 경험한 유다 192
아버지의 아픔에 공감하는 유다 195
하나님을 바라볼 때 진정한 용서와 화해가 이루어진다 200
다른 사람의 상처를 위로하라 206

Chapter Seven
하나님을 만나라   211

야곱이 만난 하나님 216
- 벧엘에서 만난 하나님 217
- 밧단 아람에서 만난 하나님 222
- 브니엘에서 만난 하나님 225
- 벧엘에서 다신 만난 하나님 231

하나님과의 만남을 통한 야곱의 변화 233
요셉이 받은 상처 236
요셉이 만난 하나님 241
내가 하나님을 대신하리이까? 245

Chapter Eight
자신의 비전과 사명을 확인하라   251

하나님의 창조 계획 254
요셉이 받은 꿈 256
꿈이 이루어지다 259
내가 하나님을 대신하리이까? 264
보시기에 심히 좋았더라 267

청 지 기
영성훈련
특 　 강

Chapter One

1
인생은
전쟁이다

전쟁은 듣는 것에서부터 시작되었다

**전쟁의 핵심은 마음 속에서 벌어지는
죄와의 전쟁이다**

죄의 특징은 하나님을 대적하는 것이다

**죄는 하나님의 창조 계획을 실패하게
만들었는가?**

냉석 선생의 구도

인생은
전쟁이다

1

    인생은 전쟁이다. 이 세상에서 우리가 살아가는 모든 삶의 과정은 끊임없이 벌어지는 전쟁의 연속이다. 모든 행동에 전쟁이라는 단어를 갖다 붙여도 될 정도이다. 청소년들과 청년들에게 주로 적용되는 '입시 전쟁', '취업 전쟁'에서부터 어른들에게 주로 적용되는 '뱃살과의 전쟁', '비만과의 전쟁', '게으름과의 전쟁', '질병과의 전쟁'을 비롯하여, 국가적으로 적용되는 '범죄와의 전쟁', '마약과의 전쟁', '설탕과의 전쟁'에 이르기까지 모든 행동에 전쟁이라는 단어를 붙여도 전혀 무리가 없는 것이 우리가 살아가는 삶의 현실이다.

    전쟁은 아담과 하와의 범죄 이후로 타락한 인간이 살아가는 역사적 존재 양식이다. 하나님은 세상을 아름답게 창조하셨다. 모든 것을 창조하신 후에 '보시기에 심히 좋았더라'(창 1:31)고 평가하셨다. 하나님이 '보시기에 심히 좋았더라'고 평가하신 상태는 전쟁의 상태가 아니라 모든 피조물들이 완벽한 조화

가운데서 아름다운 공동체를 이룬 상태이다. 하나님께서 선하고
아름답게 창조하신 세계에 하나님의 창조세계를 파괴하고자
하는 세력이 등장했다. 사탄이 하와를 유혹해서 하나님의 계명을
어기고 불순종하게 만들었다. 사탄의 유혹을 받아서 아담과
하와가 하나님께 불순종하여 타락한 이후에는 인간을 포함한 모든
창조세계의 존재 양식이 완전히 달라졌다.

아담이 타락한 후에 인간과 모든 피조물들의 존재 양식을
결정하는 하나님의 징계가 창세기 3장 9절 이하에 기록되어 있다. 그
중에서 3장 13-15절은 불순종의 일차적 당사자라고 할 수 있는 뱀과
하와에 대한 징계의 선포이다. 뱀의 후손과 여자의 후손 사이의 전쟁
상태를 선포한 창세기 3장 15절은 타락한 창조세계 가운데 살아가는
인간의 존재 양식을 분명하게 보여준다.

"내가 너로 여자와 원수가 되게 하고, 네 후손도 여자의 후손과 원수가
되게 하리니, 여자의 후손은 네 머리를 상하게 할 것이요, 너는 그의
발꿈치를 상하게 할 것이니라"(창 3:15).

하나님께서 선하게 창조하신 세계가 인간의 타락 후에는
전쟁터로 바뀌었다. 뱀과 하와 사이에 시작된 전쟁은 뱀의 후손과
여자의 후손으로 이어져서 인간 역사가 끝날 때까지 지속되는
전쟁이 되었다. 그것도 여자의 후손은 뱀의 후손에게 머리를 상하게
하는 치명적인 상처를 입히고, 뱀의 후손은 여자의 후손에게
발꿈치를 상하게 하는 적지 않은 상처를 입히는 치열한 전쟁이다.

성경에서 말씀하는 구원 역사라는 관점에서 보면, 뱀과 하와의

전쟁은 뱀의 후손과 여자의 후손으로 발전한다. 뱀의 후손 배후에는 사탄이 있고, 여자의 후손 배후에는 하나님이 있다. 뱀과 하와 사이에 벌어진 전쟁은 사탄의 대리자와 하나님의 대리자 사이에 벌어지는 전쟁이며, 결과적으로 여자의 후손으로 오신 예수님이 전쟁의 전면에 등장함으로써 하나님과 사탄의 전쟁으로 진행된다.

여자의 후손으로 오신 예수님은 사탄과의 전쟁을 이렇게 정의하셨다.

"도둑이 오는 것은 도둑질하고 죽이고 멸망시키려는 것뿐이요, 내가 온 것은 양으로 생명을 얻게 하고, 더 풍성히 얻게 하려는 것이라" (요 10:10).

최초의 인간을 유혹하여 범죄하게 한 사탄은 하나님의 선하신 창조세계에 침입한 약탈자이다. 예수 그리스도는 창조세계를 파괴하려고 침입한 약탈자를 멸하기 위해서 하나님이 보내신 여자의 후손이다.

아담이 타락한 이후에 인간이 살아가는 삶의 현실은 상처를 피할 수 없는 전쟁터이다. 우리는 세상을 살아가면서, 의식하든 의식하지 못하든 간에 수많은 상처를 주고받으면서 살아간다. 단정적으로 말하면, 죄로 인하여 타락한 세상에서 상처 없이 살아가는 사람은 한 사람도 없다. 그렇기 때문에 마음에 쌓인 상처를 치유하는 것은 삶의 필수적인 요소이다.

전쟁은 듣는 것에서부터 시작되었다

창세기 3장 15절에서 선포된 전쟁은 듣는 것에서부터 시작되었다. 하나님께서 아름답고 선하게 창조하신 에덴동산을 거닐면서 창조의 아름다움과 기쁨을 즐기고 있던 하와는 뱀으로부터 전혀 예상하지 못한 충격적인 말을 들었다.

> "그런데 뱀은 여호와 하나님이 지으신 들짐승 중에 가장 간교하니라. 뱀이 여자에게 물어 이르되, 하나님이 참으로 너희에게 동산 모든 나무의 열매를 먹지 말라 하시더냐?"(창 3:1).

> "여자가 뱀에게 말하되, 동산 나무의 열매를 우리가 먹을 수 있으나, 3) 동산 중앙에 있는 나무의 열매는 하나님의 말씀에 너희는 먹지도 말고, 만지지도 말라. 너희가 죽을까 하노라 하셨느니라"(창 3:2-3).

뱀은 하와에게 하나님께서 금하신 선악과에 대한 질문을 던졌다. 뱀이 하와에게 던진 질문의 의도는 하나님의 명령에 대한 확신을 주기 위한 것이라고 생각하는가? 아니면 의심을 불러일으키기 위한 것이라고 생각하는가?

뱀의 질문을 받은 하와의 답변은 하나님의 금지 명령을 정확하게 알지 못하고 있다는 사실을 드러낸다. 뱀은 하와에게 던진 질문을 통해서 하와의 약점이 무엇인지를 충분히 파악할 수 있었을 것이다. 하와의 약점을 파악한 뱀은 하와를 유혹해서 하나님의 계명을 어기도록 만들려는 자신의 음모를 구체적이고, 대담하게 밀어붙인다.

"뱀이 여자에게 이르되, 너희가 결코 죽지 아니하리라. 5) 너희가 그것을 먹는 날에는 너희 눈이 밝아져 하나님과 같이 되어 선악을 알 줄 하나님이 아심이니라"(창 3:4-5).

뱀이 하와를 유혹하는 과정에서 하와에게 들려주는 유혹의 메시지는 3가지로 정리할 수 있다. 첫째는 하나님의 진실성에 대한 의심을 불러일으키는 것이다. '하나님이 참으로 너희에게 동산 모든 나무의 열매를 먹지 말라 하시더냐?'라고 묻는 뱀의 질문에는 하나님의 진실성에 대한 의심을 불러일으키려는 의도가 분명히 들어있다. 둘째는 하나님의 말씀에 대한 의심을 부추기는 것이다. '너희가 결코 죽지 아니하리라' '반드시 죽으리라'고 말씀하신 하나님의 명령을 정면으로 부정한다. 셋째는 하나님과 같이 높아지려는 하와의 욕망을 자극하는 것이다. '너희가 그것을 먹는 날에는 너희 눈이 밝아져, 하나님과 같이 되어 선악을 알 줄 하나님이 아심이니라'

하와는 뱀으로부터 하나님의 진실성을 의심하게 하고, 하나님과 같이 될 수 있다는 욕망을 자극하는 유혹의 말을 들은 후에 선악과를 다시 보았다.

"여자가 그 나무를 본즉 먹음직도 하고, 보암직도 하고, 지혜롭게 할 만큼 탐스럽기도 한 나무인지라. 여자가 그 열매를 따먹고, 자기와 함께 있는 남편에게도 주매, 그도 먹은지라"(창 3:6).

뱀이 들려준 유혹의 말을 들은 후에 하와가 바라본 선악과는 그 이전과는 전혀 다르게 보였다. 뱀이 자극한 욕망을 이루기에 충분할 만큼 매력적인 열매로 보였다. 이렇게 좋은 열매를 먹지 말라고 금지하신 하나님의 처사는 너무나 부당한 것처럼 느껴졌다. 뱀의 유혹을 받은 이후 하와의 마음은 하나님을 신뢰하는 것에서 완전히 돌아서서 하나님의 의도를 의심하면서 선악과의 매력에 푹 빠지게 되었다. 선악과의 매력에 마음을 완전히 빼앗긴 하와는 하나님의 명령을 무시하고 자신의 욕망을 따라 행동했다. '여자가 그 열매를 따먹고, 자기와 함께 있는 남편에게도 주매, 그도 먹은지라' 선악과를 따먹은 하와의 행동은 자기 욕망을 이루기 위해서 하나님을 무시한 것이었다.

자신의 욕망을 이루기 위해서 하나님을 무시하는 것이 모든 불순종의 뿌리이다. 불순종은 죄다. 죄는 목표에서 빗나가거나, 목표에 미치지 못하는 것이다. 하나님은 선악과를 따먹지 말라고 명령하셨다. 그런데 하와는 그 명령을 무시하고, 선악과를 따먹었다. 하나님께서 명령하신 목표에서 완전히 빗나간 것이다.

아담과 하와가 하나님의 명령에 불순종하고, 자기들의 욕망에 따라 행동함으로 인하여 하나님께서 아담과 하와가 저지른 잘못에 대한 책임을 규명하는 재판을 여셨다. 그 내용이 창세기 3장 9절 이후에 기록된 말씀이다. 그 재판에서 뱀에게 선포된 형벌이 바로 창세기 3장 15절 말씀이다. 간단히 말하면, 창조세계에서 벌어지는 전쟁은 사탄의 유혹에 넘어간 아담과 하와의 불순종으로 시작된 것이다. 인간의 불순종으로 이 세상에 죄가 들어오고, 죄가 들어옴으로 하나님의 징계가 선포되었다. 그 결과로 뱀의 후손과 여자의 후손 사이에 대를 이어서 지속되는 전쟁이 시작되었다.

　　전쟁은 듣고, 보는 것에서 시작되었다. 하와가 뱀의 말을 듣기 전에는 아무런 문제가 없었다. 그러나 뱀이 유혹하는 말을 듣고 난 후에 바라본 선악과는 완전히 다른 것이었다. 유혹의 말을 듣고 나서부터 마음에 갈등이 생기고, 하나님의 명령에 거역하는 행동을 하였고, 그 불순종으로 말미암아 인간이 살아가는 아름다운 창조세계는 치열한 전쟁터로 돌변하게 되었다.

　　무엇이든지 설명을 듣고 나서 보면 의미가 달라진다. 특별히 유적지나 박물관을 관광할 때를 생각해 보라. 가이드 하는 해설사의 설명을 듣고 보는 것과 듣지 않고 그냥 지나가면서 보는 것은 엄청나게 다를 수밖에 없다. 몇 년 전에 청송 심씨 송소고택을 방문한 적이 있다. 마침 다른 팀에 합류하여 해설사의 설명을 듣게 되었다. 그냥 지나치면 전혀 볼 수 없었던 것들을 많이 보게 되었다. 대문의 위치와 크기, 담장의 높이, 마당에 심은 나무, 담장에 뚫어 놓은 두 개의 구멍, 이런 것들이 어떤 의미와 어떤 기능을 하는지에 대해서 들었다. 그 설명을 듣고 고택을 둘러보니까 설명을 듣기 전에는 전혀 볼 수 없었던 많은 것들을 보게 되었다.

　　마찬가지로 우리가 살아가면서 듣고, 보는 것이 우리의 영적 전쟁에도 결정적인 영향을 미친다. 그렇기 때문에 누구에게서 무엇을 듣느냐는 대단히 중요하다. 듣는 것이 영적 전쟁의 승패를 좌우한다. 우리는 살아가면서 주로 누구를 통하여 무엇을 듣고 있는가? 자신이 듣고, 보는 것이 삶 속에서 벌어지는 전쟁의 승패를 결정한다. '그러므로 믿음은 들음에서 나며, 들음은 그리스도의 말씀으로 말미암았느니라'(롬 10:17).

전쟁의 핵심은 마음속에서 벌어지는 죄와의 전쟁이다

영적 전쟁의 핵심은 우리 안에서 불순종을 충동질하는 죄를 다스리는 것이다. 뱀이 하와를 유혹하면서 그의 마음속에 불어넣은 것은 하나님께 불순종하도록 충동질해서 죄를 짓게 만드는 것이었다. 그 충동을 극복하지 못하고 하와와 아담은 범죄하고 말았다. 아담과 하와가 범죄한 이후에 태어난 모든 인간은 아담으로부터 타락한 본성을 물려받았다. 우리 안에 있는 죄가 끊임없이 불순종을 충동질한다.

아담이 타락한 이후에 죄로 오염된 인간의 타락한 본성이 불순종을 충동질하는 증상은 아담의 아들인 가인에게서부터 분명하게 드러난다.

"네가 선을 행하면 어찌 낯을 들지 못하겠느냐? 선을 행하지 아니하면 죄가 문에 엎드려 있느니라. 죄가 너를 원하나 너는 죄를 다스릴지니라"(창 4:7).

가인이 영적 전쟁에서 이기기 위해서는 그의 문 앞에 엎드려서 그를 삼키려는 죄를 다스려야 했다. 그러나 가인은 죄를 다스리지 못하고 죄의 충동에 굴복하고 말았다.

"가인이 그의 아우 아벨에게 말하고, 그들이 들에 있을 때에 가인이 그의 아우 아벨을 쳐 죽이니라"(창 4:8).

하와가 뱀의 유혹을 들은 후에 선악과를 보고 불순종의 충동을 이기지 못하고 범죄했듯이, 가인도 불순종의 충동을 이기지 못하고 동생 아벨을 쳐 죽이는 죄를 범하였다.

영적 전쟁의 승패를 결정하는 핵심은 이것이다: "죄가 너를 원하나, 너는 죄를 다스릴지니라" 우리 마음에서 불순종을 **충동질하는 죄를 다스리지 못하고 죄에 굴복하면 전쟁에서 패배한다.** 하와가 뱀의 유혹을 뿌리치지 못하고 유혹에 넘어가서 하나님께 거역하는 죄를 범하였듯이, 우리의 마음속에서 불순종을 충동질하는 죄를 이기지 못하면 하나님의 뜻을 거역하는 죄를 범하게 된다. 가인은 하나님의 경고를 듣고도 죄의 충동을 이기지 못하고 아벨을 쳐 죽이는 죄를 범하였다. 죄는 인간의 마음에서 활동하는 사탄의 하수인이다. 죄를 이기지 못하면 영적 전쟁에 패배하여 죄의 종으로, 사탄의 하수인으로 하나님을 대적하는 삶을 살 수밖에 없다. 따라서 아담 이후에 모든 사람들에게서 벌어지는 영적 전쟁은 하나님께 불순종을 충동질하는 죄와의 전쟁이다.

아담의 불순종으로 인간에게 들어온 죄는 인간의 마음을 장악하고, 마음에서 나오는 모든 생각과 행동을 주도하기 때문에, 죄와의 전쟁은 우리의 삶의 전 영역에서 벌어진다. 죄가 영향을 미치는 모든 곳에서 하나님의 뜻을 거역하고 불순종하려는 전쟁이 벌어진다.

죄의 특징은 하나님을 대적하는 것이다

사탄이 주도하는 죄의 핵심은 하나님의 창조세계를 파괴하는 것이기 때문에, 죄의 지배를 받는 인간의 두드러진 특징은 모든 영역에서 하나님의 뜻을 거역하고 대적하는 것이다. 죄에 굴복하여 하나님께 대적하며, 사탄의 하수인으로 살아가는 인간의 상태를 하나님께서 이렇게 말씀하신다.

"여호와께서 사람의 죄악이 세상에 가득함과, 그의 마음으로 생각하는 모든 계획이 항상 악할 뿐임을 보시고"(창 6:5).

타락한 인간이 살아가는 모습을 두 가지로 말씀한다. 첫째는 인간이 마음으로 생각하는 모든 것이 항상 악하다는 것이다. 둘째는 인간의 악한 생각과 행동으로 인하여 죄악이 온 세상에 가득하게 되었다는 것이다.

'악하다'는 것은 무엇을 의미하는가? '선하다' 혹은 '악하다'라고 판단하는 데는 분명한 기준이 있다. 긴단하게 설명하면, 하나님께서 창조하신 세계 속에 살아가는 하나님의 피조물로서 창조자 하나님의 계획과 뜻에 순종하는 모든 생각과 행동은 선한 것이다. 반대로 하나님께서 창조하신 세계 가운데 살면서 창조자 하나님의 계획과 뜻에 거역하는 모든 생각과 행동은 악한 것이다.

인간은 어떻게 살아야 마땅한가? 선하게 살아야 하는가? 악하게 살아야 하는가? 하나님의 뜻에 순종하며 살아야 하는가? 하나님의 뜻에 거역하면서 살아야 하는가? 이 질문들에 대한 대답은 간단하다. 인간은 하나님의 형상대로 창조된 하나님의 피조물이다. 그리고 인간은 하나님께서 창조하신 세계 속에서 살아간다. 그렇다면 당연히 하나님의 뜻에 순종하며 살아야 한다.

그런데 인간이 살아가는 실상은 어떤가? 그의 마음으로 생각하는 모든 계획이 항상 악하다. 하나님께서 창조하신 세계 속에 살면서, 항상 하나님의 뜻에 거역하면서 살아간다. 철저하게 하나님을 대적하는 자로 살아간다는 것이다. 하나님의 창조세계 가운데 살면서도 그의 마음은 죄의 지배를 받기 때문에 철저하게 하나님을 대적하는 사탄의 하수인으로 살아가는 것이다. 이것이 죄의 지배를 받고 살아가는 인간의 두드러진 특징이다.

죄의 속성은 하나님의 뜻을 무시하고, 자신의 욕심을 따라 행동하는 것이다. 철저하게 하나님을 무시하고 자기 욕심대로 살아가는 사람은 하나님과 동행할 수 없다. 마찬가지로 하나님도 자신을 철저하게 무시하는 사람과는 함께 할 수 없다. 죄가 지배하는 곳에는 하나님께서 함께 하시지 않는다.

> "여호와께서 이르시되, 나의 영이 영원히 사람과 함께 하지 아니하리니, 이는 그들이 육신이 됨이라. 그러나 그들의 날은 백이십 년이 되리라 하시니라"(창 6:3).

하나님의 영이 사람들을 떠났다고 말씀한다. 하나님의 영이 사람들을 떠난 직접적인 이유를 바로 앞에 있는 창세기 6장 2절에서 이렇게 말씀한다.

"하나님의 아들들이 사람의 딸들의 아름다움을 보고, 자기들이 좋아하는 모든 여자를 아내로 삼는지라"(창 6:2).

간단히 말하면, 하나님의 영이 사람에게서 떠난 이유는 인간이 하나님의 뜻에 전혀 개의치 않고, 자기들의 욕심을 따라 행동하였기 때문이다.

하나님의 형상대로 창조된 인간에게서 하나님의 영이 떠나고 나면 남는 것은 무엇이겠는가? 죄의 욕망뿐이다. 하나님의 영이 떠나고 나면, 죄가 고삐 풀린 망아지처럼 인간의 마음에서 자기 마음대로 활동하게 된다. 그래서 인간이 하는 모든 생각과 행동이 항상 악할 뿐이다.

모든 죄의 출발은 사탄의 유혹에 넘어가서 하나님과 같이 될 수 있다는 탐욕에 따라 행동한 것이다. 그렇기 때문에 아담 이후에 죄의 지배를 받는 모든 사람들의 행동은 하나님의 계획을 부정하고, 철저하게 자기 영광을 구하는 것으로 나타난다. '사람의 딸들의 아름다움을 보고 지기들이 좋아하는 모든 여자를 아내로 삼은'(창 6:2) 노아 시대 사람들이 그러했고, 하나님과 경쟁하여 지지 않으려고 바벨탑을 쌓은 사람들의 행동이 그러했다.

"또 말하되 자, 성읍과 탑을 건설하여 그 탑 꼭대기를 하늘에 닿게 하여, 우리 이름을 내고, 온 지면에 흩어짐을 면하자 하였더니"(창 11:4).

사람들이 시날 평지에서 바벨탑을 쌓은 목적이 무엇인가? 첫째는 자기들의 영광을 추구하는 것이다. '탑 꼭대기를 하늘에 닿게 하여' 자기 이름을 낸다는 것은 하나님과 대적하여 자기들의 영광을 드러내겠다는 악한 동기에서 시작된 것이다. 둘째는 온 땅에 흩어짐을 방지하기 위한 것이다. 이것은 하나님의 뜻을 부정하고, 자기들의 영광을 추구하는 또 다른 형태이다. 하나님이 인간을 창조하신 계획안에는 '생육하고 번성하여 땅에 충만하게' 되는 것도 포함되어 있다(창 1:28). 그런데 '온 지면에 흩어짐을 면하자'는 것은 하나님의 계획을 정면으로 부정하는 것이다. 하나님의 계획을 이루는 것보다는 자기들의 영광을 추구하는 것이 모든 행동의 목적이다.

간단히 정리하면, 죄의 지배를 받는 사람들의 행동은 모든 일에 하나님의 계획을 부정하고, 항상 자기들의 영광을 추구하는 것이다. 그런데 중요한 것은 죄인들이 추구하는 자기들의 영광은 실체가 있는 것이 아니라, 사탄이 불어넣은 유혹의 허상이라는 것이다. 사탄은 하와를 유혹할 때 하나님과 같이 될 수 있다고 유혹하였다. 사탄의 유혹을 받은 하와는 하나님께 순종하기보다는 하나님과 같이 되려는 자기 영광을 추구하였다. 그러나 자기 영광을 추구한 행동의 결과는 어떻게 되었는가? 하나님과 같이 되기는커녕 오히려 심판을 받고 에덴에서 쫓겨나는 신세가 되고 말았다. 죄인이 하나님께 거역하면서까지 추구하는 자기 영광은 실체가 있는 것이 아니라, 실상은 인간을 하나님의 대적자로 만들기 위해서 사탄이 불어넣은 허상이며, 인간을 파멸의 길로 몰아넣는 헛된 탐욕에 지나지 않는다.

죄는 하나님의 창조 계획을 실패하게 만들었는가?

하나님께서 선하게 창조하신 세계에 죄가 들어와서 인간의 마음을 장악하였다. 하나님의 대리자로서의 사명을 감당해야 할 인간이 죄의 종노릇하면서 하나님의 대적자가 되었다. 하나님의 영은 인간에게서 떠나고, 인간이 생각하고 행동하는 모든 것이 항상 하나님의 뜻을 거역하는 악한 것이 되고 말았다. 하나님의 영이 떠난 인간의 마음은 죄가 장악하고 마음껏 활개 치며 활동하는 공간이 되어버렸다. 그러면 하나님의 창조 계획은 완전히 실패로 끝나는가?

하나님의 영이 죄악에 물든 인간의 마음에서는 떠났지만, 그렇다고 하나님은 사탄이 창조세계를 완전히 파괴하도록 방치하시지는 않는다. 하나님은 인간에게서는 떠났지만, 죄가 어느 정도 이상은 세력을 확장하지 못하도록 억제하고, 통제하신다. 죄가 창조세계를 파괴하지 못하도록 그 세력을 억제하는 것도 창조세계를 보존하고 유지하기 위한 하나님의 은혜이다. 죄의 세력을 억제하고, 창조세계를 보존하는 하나님의 은혜를 '일반 은총'이라고 정의한다. 다른 말로 표현하면, '일반 은총'은 보존의 은총이며, 억제의 은총이다.

죄의 세력을 억제하고, 창조세계를 보존하시는 하나님의 수단과 방법은 다양하다. 우선 창세기 6장 3절에 보면, 하나님의 영이 인간에게서 떠나면서 인간의 수명을 120년으로 한정한다. 죄가 인간을 통해서 무한정으로 확산되지 않도록 육체의 생존 기간을 한정한 것이다. 그럼에도 불구하고 인간을 통하여 죄악이 세상에 가득하게 되자 하나님은 홍수 심판을 통하여 이 땅에서 죄인들을 쓸어버렸다(창세기 6장).

홍수 심판 이후에도 인간의 죄악은 그치지 않고 여전히 그 세력을 확장시켰다. 그 때도 하나님은 죄악을 억제하는 수단을 사용하셨다. 시날 평지에서 사람들이 하나님의 뜻에 대적하여 탑을 쌓자 하나님은 그들의 악한 동기와 계획을 아시고, 그들의 행동이 실패하도록 개입하셨다.

"여호와께서 이르시되, 이 무리가 한 족속이요, 언어도 하나이므로 이같이 시작하였으니, 이 후로는 그 하고자 하는 일을 막을 수 없으리로다. 7) 자, 우리가 내려가서, 거기서 그들의 언어를 혼잡하게 하여, 그들이 서로 알아듣지 못하게 하자 하시고, 8) 여호와께서 거기서 그들을 온 지면에 흩으셨으므로, 그들이 그 도시를 건설하기를 그쳤더라"(창 11:6-8).

이 말씀에서 분명히 알 수 있듯이 하나님은 인간의 모든 행동을 관찰하시고, 그 동기와 결과를 알고 계신다. 그리고 인간의 죄악된 행동이 어느 선을 넘지 못하도록 억제한다는 사실이다. 하나님은 마음만 먹으면 언제든지 인간의 행동에 개입할 수 있으며, 인간의 행동을 통제하고, 억제할 수 있는 충분한 능력과 방법을 가지고 있다는 사실이다. 간단히 말하면, 죄가 아무리 세력을 확장해도 하나님의 통제를 벗어나서 하나님의 계획을 실패로 만들 수는 없다는 것이다. 죄가 하나님의 계획을 파괴하려는 행동으로 나타나지만, 여전히 하나님의 통제 아래에서 하나님이 허용하는 범위 안에서만 영향력을 행사할 수 있다. 그렇기 때문에 죄가 하나님의 계획 자체를 실패하게 만들 수는 없다.

하나님은 한편으로는 죄의 영향력을 억제하는 '일반 은총'의 수단을 사용하지만, 다른 한편으로는 타락한 인간과 세상을 회복시키기 위한 '특별 은총'의 수단도 사용하신다. '일반 은총'이 보존의 은총이요, 억제의 은총이라면, '특별 은총'은 회복의 은총이요, 구원의 은총이다. 범죄한 인간을 죄의 세력으로부터 구원하기 위한 하나님의 특별한 은혜는 이미 창세기 3장 15절에서 약속하고 있다. 뱀의 후손이 여자의 후손의 발꿈치를 상하게 할 정도로 상당한 상처를 주지만, 여자의 후손은 뱀의 머리를 상하게 하는 치명적인 상처를 준다. 간단히 말하면, 여자의 후손이 약간의 부상을 당하기는 하지만, 뱀의 후손의 머리를 상하게 하는 치명상을 입혀서 전쟁에서 승리하게 된다는 것이다. 이런 면에서 창세기 3장 15절은 하나님의 창조세계에 죄가 들어옴으로 인해서 벌어진 영적 전쟁의 진행과 결말을 분명하게 보여주고 있다.

창세기 3장 15절에서 언급하는 여자의 후손은 단순히 하와의 후손으로 태어나는 생물학적 후손의 개념을 넘어서, 여자의 몸에서 태어날 메시아를 예고하는 말씀이다. 여자의 후손에 대한 하나님의 약속은 마리아의 몸을 통하여 인간의 몸을 입고 이 땅에 오신 하나님의 독생자 예수 그리스도를 통하여 역사 가운데 실현되었다. 여자의 후손에 대한 약속의 성취를 마태복음에서는 이렇게 말씀한다.

"아들을 낳으리니 이름을 예수라 하라. 이는 그가 자기 백성을 그들의 죄에서 구원할 자이심이라 하니라. 22) 이 모든 일이 된 것은 주께서 선지자로 하신 말씀을 이루려 하심이니, 이르시되 23) 보라 처녀가 잉태하여 아들을 낳을 것이요, 그의 이름은 임마누엘이라 하리라 하셨으니, 이를 번역한즉 하나님이 우리와 함께 계시다 함이라"
(마 1:21-23).

이 말씀에서 알 수 있듯이, 하나님의 백성을 그들의 죄에서 구원할 구원자는 여자의 몸에서 태어나는 여자의 후손이다. 그리고 여자의 몸에서 태어난 구원자는 단순히 인간적인 후손이 아니라, 인간의 몸을 입고 우리 가운데 오신 하나님이시다.

뱀의 후손의 머리를 상하게 하여 죄악의 세력을 완전히 정복하고, 죄의 종노릇하며 살아가는 인간을 구원하실 여자의 후손은 다름 아닌 우리의 구원자로 오신 하나님 자신이다. 하나님 자신이 여자의 후손으로 오셔서 사탄의 세력을 멸하시기 때문에, 여자의 후손에게 속한 사람들은 영적 전쟁에서 결코 패배할 수 없다.

사탄이 인간의 마음속에 죄를 불어넣음으로 하나님의 창조세계에 시작된 영적 전쟁의 구도에서 본다면, 창세기 3장 15절과 요한복음 10장 10절은 짝을 이루는 말씀이다. 창세기 3장 15절이 전쟁을 승리로 이끌 구원자가 오실 것을 예고하는 약속의 복음이라면, 요한복음 10장 10절은 예수 그리스도가 죄인을 구원할 여자의 후손으로 오셨음을 선포하는 성취의 복음이다.

"내가 너로 여자와 원수가 되게 하고, 네 후손도 여자의 후손과 원수가 되게 하리니, 여자의 후손은 네 머리를 상하게 할 것이요, 너는 그의 발꿈치를 상하게 할 것이니라 하시고"(창 3:15).

"도둑이 오는 것은 도둑질하고, 죽이고, 멸망시키려는 것뿐이요, 내가 온 것은 양으로 생명을 얻게 하고, 더 풍성히 얻게 하려는 것이라" (요 10:10).

약속의 복음과 성취된 복음을 조합하여 설명하면, 하와를 유혹한 뱀과 뱀의 후손은 하나님의 창조세계에 침입한 도둑이다. 도둑이 침입한 목적은 약탈하고, 죽이고, 멸망시키기 위한 것이다. 반면에 여자의 후손으로 오신 예수 그리스도는 도둑들에게 생명의 위협을 받고 있는 양들을 보호하고, 그들의 생명을 구원하기 위해서 오셨다.

영적 전쟁의 구도

약속의 복음과 성취된 복음을 통하여 드러난 영적 전쟁의 구도를 세 가지로 정리할 수 있다.

첫째, 하나님께서 우주 만물을 선하게 창조하셨다. 양의 우리를 만들고, 그 속에서 양들이 안전하게 살아갈 수 있도록 만드셨다.

둘째, 하나님께서 선하게 만드신 창조세계에 약탈자가 침입하였다. 도둑이 들어온 목적은 창조세계를 약탈하고, 양들을 죽이고 멸망시키기 위해서이다. 다시 말하면, 하나님께서 선하게 창조하신 세계 가운데 그것을 파괴하고 생명을 죽이고 멸망시키려는 사탄의 세력이 들어와서 약탈 행위를 하고 있다.

　　셋째, 우주 만물을 선하게 창조하신 하나님은 약탈자가 침입하여 창조세계를 파괴하고, 생명을 죽이고 멸망시키는 것을 방관하지 않으신다. 하나님은 구원자를 보내어서 약탈자를 몰아내고, 위험에 빠진 생명을 구원하고, 상처 입은 자들을 완전히 회복시키는 일을 하신다.

　　우리는 하나님께서 창조하신 세계 가운데 살아가는 하나님의 피조물들이다. 그러나 하나님의 창조세계에 침입한 약탈자 때문에 우리는 우주적 전쟁터에서 살아가고 있다. 그렇다고 우리가 전쟁에서 패배하는 것은 아니다. 발꿈치가 상하는 상처는 입을 수 있지만, 우리는 여자의 후손으로 오신 예수 그리스도를 통하여 전쟁에서 승리하고, 우리의 모든 상처는 예수 그리스도 안에서 완전히 치료되고 회복될 것이다.

　　우주적 전쟁터에서 살아가는 우리가 분명히 인정하고 대책을 세워야 할 것이 있다. 전쟁터에서 치열한 전쟁을 치르면서 살아가는 우리들의 몸과 마음에 상처와 아픔이 없을 수 있겠는가? 세상은 치열한 영적 전쟁터이기 때문에 우리가 아무리 조심을 해도 발꿈치를 상하게 하는 상처를 입게 되어 있다. 다시 말하면, 죄악에 오염된 세상에 살아가는 사람들에게는 어떤 이유로든지 간에 상처가 없을 수는 없다는 것이다. 아무리 조심해도 전쟁터에서 상처를 입게 되어 있다. 상처를 피할 수 없다면, 그것을 지나치게 두려워할 것이 아니라, 빨리 치료하고 회복할 수 있는 방법을 찾는 것이 지혜로운 행동이다.

    이 책에서 말하고자 하는 핵심은 이것이다. 세상을 살아가면서 불가피하게 경험하게 되는 상처에 매여서 너무 안타까워하거나 탄식만 하지 말고, 마음에 쌓인 상처를 신속하게 치료하여 생명을 풍성케 하는 방법을 찾자는 것이다.

**치유를 위한
점검과 기도**

1. 창세기 3장 15절에 나타난 인간의 존재 양식은 어떤 것이라고 생각하십니까? 이런 상태에서 살아가는 사람들이 불가피하게 경험할 수밖에 없는 상처와 아픔은 어떤 것인지 얘기해 봅시다.

2. 전쟁은 듣고, 보는 것에서부터 시작됩니다. 뿐만 아니라, 듣고, 보는 것은 전쟁의 승패에 결정적인 영향을 미칩니다. 자신이 주로 보고, 듣는 것이 무엇인지 점검해 봅시다. 하나님의 영광을 드러내는 것이 많다고 생각하십니까? 인간의 욕망을 자극하는 것이 많다고 생각하십니까? 그리고 최근에 주위 사람들로부터 들은 것이 마음의 갈등을 일으킨 일이 있었으면 얘기해 봅시다.

3. 우리 안에서 벌어지는 영적 전쟁의 핵심은 '죄가 너를 원하나, 너는 죄를 다스릴지니라' 입니다. 우리를 원하는 죄의 속성은 무엇이며, 죄가 삶의 전 영역에서 어떻게 영향을 미치는지 점검해 봅시다.

4. 죄의 영향력을 극복하고, 영적 전쟁에서 승리할 수 있는 방법은 무엇이라고 생각하십니까?

5. 우리가 살아가는 삶의 영적 기상도를 자세히 점검하고, 전쟁에서 승리할 수 있는 지혜로운 대책을 세우도록 기도합시다.

청 지 기
영성훈련
특　　강

Chapter Two

2
하나님의
선하신 창조

하나님께서 천지를 창조하셨다

인간을 특별한 존재로 창조하셨다

인간에게 대리자의 사명을 주셨다

보시기에 심히 좋았더라

**하나님의
선하신 창조**

2

　우리가 살아가는 삶의 환경은 전쟁터이다. 전쟁터에서는 자신이 원하든 원하지 않던 상처를 입을 수밖에 없다. 치열한 전쟁터에서 전쟁을 치르는 군인이 상처 입는 것을 두려워한다면, 그 병사가 전쟁을 제대로 할 수 있겠는가? 상처 입는 것을 피할 수 없다면, 남은 문제는 전쟁에서 입은 상처를 후유증 없이 신속하게 치료하는 것이다.

　'상처를 입는다'는 것은 아름다운 상태나 관계가 깨어질 때 발생하는 육체적, 정신적 아픔이나 괴로움을 겪는다는 것이다. 육체적으로 건강한 몸에 부상을 입어서 아픔과 괴로움을 느낄 수도 있고, 어떤 사건이나 다른 사람들의 행동으로 인하여 심리적인 아픔이나 괴로움을 겪을 수도 있다. 다른 말로 표현하면, 우리의 육체가 아름답고 건강한 상태를 유지하면 아픔이나 괴로움을 겪을 이유가 없다. 그리고 자신과 관계된 모든 관계가 아름답게 유지되면 마음의 아픔과 고통을 느낄 이유가 없다. 자신의 상태나 관계가 아름답게 유지된다면, 상처를 입는 것이 아니라, 오히려 만족과 기쁨을 느끼게 될 것이다.

전쟁터는 우리가 생각하는 상식적이고 아름다운 상태나 관계가 깨어진 극한 상황이다. 우리가 살아가는 삶의 환경은 아름다운 상태나 관계가 깨어진 곳이기 때문에 거기에서는 수도 없이 많은 아픔과 고통을 느끼게 되고, 상처를 입게 되는 것이다. 죄로 오염된 세상에 사는 사람들 중에서 육체적이거나 정신적으로 경험하는 상처가 없는 사람은 하나도 없다. 그렇기 때문에 우리가 경험하는 상처를 후유증 없이 신속하게 치료하는 것은 건강한 삶을 위해서 모든 사람들에게 반드시 필요한 중요한 문제이다.

육체적으로, 정신적으로 입은 상처를 신속하게 치유하기 위해서는 상처 입기 전의 건강하고 아름다운 상태나 관계가 어떤 것인지를 아는 것이 대단히 중요하다. 깨어지고 일그러진 상태나 관계를 회복하기 위해서는 원래의 아름다운 상태나 관계를 알아야 한다. 그래야 상처 입기 이전의 상태로 원상복구가 가능하다. 그렇기 때문에 아담의 불순종으로 인하여 이 세상에 죄가 들어오기 이전의 창조 상태가 어떠했는지를 이해하는 것이 중요하다.

'상처를 치료한다'는 것은 하나님의 선하신 창조세계에서 만족과 기쁨을 누리며 살아가야 할 인간이 아픔과 고통을 경험하게 되는 원인을 찾아서 그것을 제거함으로써 아픔과 고통을 만족과 기쁨으로 회복시키는 것이다. 아픔과 고통을 느끼게 하는 상처의 원인을 찾아서 제거하기 위해서는 상처를 입기 전의 상태와 그 이후의 상태를 비교해 보면, 무엇이 문제인지를 쉽게 발견할 수 있다.

하나님께서 천지를 창조하셨다

창세기 3장 15절은 인간이 살아가는 삶의 환경이 전쟁터라고 말씀한다. 전쟁터에서는 아픔과 고통을 경험하고, 상처를 입을 수밖에 없다. 그러나 하나님께서 천지를 창조하실 때, 인간이 아픔과 고통을 경험하고, 상처를 입을 수밖에 없는 그런 상태로 창조하시지 않았다. 하나님께서 선하게 창조하신 세계 가운데 살아가는 인간이 아픔과 고통을 경험한다는 것은 창조세계의 원래 상태와 관계가 깨어졌다는 것을 의미한다.

하나님께서 창조하신 세계의 모습이 어떠했는지를 알기 위해서는 창세기 3장 15절 이전의 모습을 살펴보아야 한다. 이런 면에서 창세기 1장에 기록된 창조에 대한 설명은 우리가 회복해야 할 원래의 모습이 어떤 것인지를 잘 보여준다. 창세기 1장은 이렇게 시작한다.

"태초에 하나님이 천지를 창조하시니라"(창 1:1).

이 말씀은 창조자 하나님과 하나님께서 창조하신 세상과의 관계가 어떤 것인지를 분명하게 보여준다.

하나님께서 천지를 창조하셨다면, 창조의 주인은 누구인가? 당연히 창조자 하나님이시다. 하나님께서 천지를 창조하시면서, 누구의 자문이나, 도움이나 협조를 구한 적이 없다. 하나님께서 자신의 기쁘신 뜻을 따라서, 자신의 능력으로 천지를 창조하셨다. 하나님이 이 세상 만물의 유일한 주인이다.

하나님이 유일한 창조의 주인이라면, 인간을 포함한 우주 만물은 하나님과 어떤 관계 속에 존재하는가? 모든 만물은 하나님의 피조물이다. 하나님이 창조의 주어라면, 인간을 포함한 모든 만물은 하나님이 창조하신 대상인 목적어이다. 이 세상 전체를 하나의 문장에 비유한다면, 하나님은 그 문장의 주어이고, 다른 모든 피조물들은 목적어이다. 따라서 하나님과 인간과의 관계는 문장에서 주어와 목적어의 관계와 같다. 하나님은 주어이고, 인간을 포함한 모든 만물은 목적어이다. 이것이 하나님께서 창조하신 창조세계의 원래의 관계이다.

창세기 1장 1절은 우리가 세상과 인생을 바라보는 중요한 관점을 제시한다: '주어와 목적어를 혼동하지 말라.' 문장을 해석함에 있어서 주어와 목적어를 뒤바꾸면 그 문장의 의미를 제대로 파악할 수가 없다. 우리가 세상과 인생을 보고 해석하는데도 마찬가지이다. 인간을 포함한 모든 피조물들은 하나님의 창조 행위에 의해서 존재하게 된 피조물이다. 다른 말로 표현하면, 모든 피조물들의 존재와 상태는 전적으로 하나님의 뜻과 행동에 의해서 결정된다. 주어인 하나님은 독립적인 존재이지만, 다른 모든 피조물들은 하나님께 의존적인 존재이다. 이 사실을 분명히 기억해야 한다. 주어와 목적어를 혼동하면 안 된다.

자연이 창조의 주어가 될 수 있는가? 자연은 하나님의 창조에서 목적어에 속하기 때문에 결코 주어가 될 수 없다. 그런데 우리 주위를 돌아보면, 자연을 주어의 자리에 올려놓고 살아가는 사람들이 너무나도 많다. 간단한 예를 들어보면, 오래된 동네 어귀에 수백 년 된 큰 나무가 있다면, 그 나무는 어김없이 그 동네 사람들로부터 동네를 지키는 수호신으로 섬김을 받는다. 정월대보름이 되면 그 나무에 제사를 지낸다. 이런 유형의 수호신으로 섬김을 받는 나무나, 바위, 산들이 너무나 많다. 이런 현상은 무엇을 의미하는가? 인간이 창조자 하나님 대신에 목적어인 자연을 주어의 자리에 올려놓고, 세상과 인생을 바라보고, 이해하고, 해석하는 것이다. 간단히 말하면, 하나님께서 창조하신 원래의 상태나 관계가 깨어졌다는 것이다. 원래의 상태나 관계가 깨어진 곳에는 아픔과 고통이 있을 수밖에 없다. 우리가 살아가면서 자연에서 얻는 유익도 많지만, 자연으로 인하여 아픔과 고통과 상처를 받는 경우도 부지기수로 많다. 여러 가지 질병을 포함한 자연 재해와 같은 아픔과 고통은 원래의 아름다운 상태나 관계가 깨어진 곳에서 발생하는 파열음이다.

자연을 주어의 자리에 올려놓고 섬기는 것이 아름다운 관계를 파괴하는 전부가 아니다. 자연을 신으로 섬기는 것은 그 이전에 있었던 파괴의 부수적 현상에 불과하다. 하나님께서 창조하신 창조 질서의 아름다운 관계를 파괴하는 출발은 하나님과 같이 되려는 하와의 욕심에서 시작된 것이다. 물론 사탄의 유혹을 받아서 그렇게 되었지만, 결과적으로는 아담과 하와가 하나님과 같이 되려는 욕심에 이끌려서 하나님의 명령을 무시하고, 불순종한 데서부터 관계가 깨어졌다. 그로 인해서 우주 만물의 관계가 뒤죽박죽이 되어 버렸다. 자연을 신으로 섬기는 자연 숭배는 창조세계의 관계가 뒤죽박죽이 된 후에 일어난 여러 가지 부작용 중의 하나에 불과하다. 우리가 살아가면서 경험하는 모든 불합리한 것과 아픔과 고통의 원인은 창조세계의 주어와 목적어를 뒤집으려는 데서 시작된 것이다.

이런 관점에서 본다면, 성경의 전체 내용은 기본적으로 창세기 1장 1절에 대한 보충설명이라고 말할 수 있다. 구약 성경은 무엇이 잘못되었는지를 지적하고, 바로 잡으라고 경고한다. 구약의 모든 계명을 10가지로 간략하게 정리한 것이 십계명이다. 열 가지 계명을 더 간략하게 요약하면 두 가지로 요약할 수 있다. 예수님이 요약하신 대로, 하나는 '하나님을 사랑하라'는 것이고, 다른 하나는 '이웃을 사랑하라'는 것이다. 이것을 더 간단하게 요약하면 어떻게 되겠는가? '깨어진 관계를 회복하라'는 말로 요약할 수 있다.

구약의 수많은 선지자들이 경고하고, 선포한 메시지가 무엇인가? 깨어진 하나님과의 관계를 회복하라는 것이다. 구약에 나타난 이스라엘의 수많은 우상 숭배는 하나님과의 관계가 깨어진 상태에서 나타나는 부작용들이다. 하나님과의 관계가 올바로 회복되면, 모든 우상 숭배는 사라질 수밖에 없다. 그리고 선지자들이

고아와 과부를 돌아보라는 말로 선포하는 사회적 공의를 실천하는 말은 깨어진 인간관계를 회복하라는 말씀이다. '깨어진 관계를 회복하라.' 이것이 구약의 율법과 선지자의 전체 내용이다. 이런 면에서 구약의 전체 내용은 창세기 1장 1절에 대한 보충 설명이라고 말할 수 있다.

신약 성경은 예수 그리스도를 통하여 깨어지고 일그러진 창조 질서를 바로 잡는 구체적인 방법과 그 결과를 보여주는 말씀이다. 예수 그리스도의 오심으로 시작된 신약의 복음 선포는 이렇게 시작한다.

"이 때부터 예수께서 비로소 전파하여 이르시되, 회개하라! 천국이 가까이 왔느니라 하시더라"(마 4:17).

예수님이 선포하신 복음의 핵심은 하나님께 불순종함으로 아름다운 관계가 깨어지고, 아픔과 고통 가운데서 살아가는 삶의 방식을 청산하고, 하나님의 다스림 안으로 온전히 들어오라는 초청이다. 하나님께 불순종함으로 깨어진 모든 관계를 하나님께 순종함으로 온전히 회복하라는 말씀이다.

예수 그리스도 안에서 회복된 상태와 관계를 성경에서는 이렇게 말씀한다.

"그런즉 누구든지 그리스도 안에 있으면 새로운 피조물이라. 이전 것은 지나갔으니, 보라 새 것이 되었도다"(고후 5:17).

그리스도 안에서 회복된 우리의 상태를 새로운 피조물이라고 말씀한다. 이것은 우리의 상태가 그리스도 안에서 얼마나 많이 변화되었는지를 표현하는 말씀이다. 창조자 하나님과의 관계에서 깨어지고 왜곡된 모든 상태와 질서는 완전히 지나가고, 그리스도 안에 존재하는 상태는 하나님과 아름다운 관계와 상태를 회복한 완전히 새로운 존재가 되었다는 말이다. 이런 면에서, 신약 성경도 창세기 1장 1절에서 선포한 창조 질서를 회복하라는 말씀이다.

하나님께서 창조하신 세계의 원래 상태와 관계는 창세기 1장 1절에 분명히 나타나 있다. 하나님께서 천지를 창조하셨다. 하나님 이외에 어떤 것도 창조의 주인이 될 수 없다. 하나님 이외에 창조세계 가운데 존재하는 모든 것은 하나님의 창조에 의해서 만들어지고 존재하게 된 목적어이다. 모든 피조물의 존재 질서는 하나님을 창조의 주인으로 모시고 살아갈 때에 아름다운 조화가 유지된다. 모든 피조물들의 존재 목적은 하나님을 창조의 주인으로 모시고, 하나님의 뜻에 순종하며, 그 뜻을 이루어가는 것이다.

인간을 특별한 존재로 창조하셨다

하나님께서 하늘과 땅의 모든 것을 창조하셨지만, 그 중에서 인간은 특별한 계획을 가지고, 특별한 존재로 창조하셨다. 창세기에 기록된 인간 창조의 내용을 관계성이라는 관점에서 보면, 세 가지 중요한 특징을 발견할 수 있다.

첫 번째는 하나님의 형상대로 인간을 창조하셨다는 것이다. 이것은 인간과 하나님과의 관계를 규정하는 것이다.

"하나님이 자기 형상, 곧 하나님의 형상대로 사람을 창조하시되" (창 1:27).

인간을 하나님의 형상대로 창조하였다는 것은 하나님을 닮은 존재로 창조하였다는 것이다. 인간은 하나님의 성품을 닮은 존재이다. 그렇기 때문에 하나님과 교제가 가능하다. 예를 들면, 영어를 말하는 사람과 의사소통하기 위해서는 영어를 사용해야 한다. 상대방은 영어로 말하는데 자신은 한국말만 사용한다면 서로 간에 원만한 의사소통이 이루어질 수 없다. 이와 마찬가지로 하나님께서 인간을 하나님의 형상대로 창조하신 가장 중요한 목적은 하나님과 소통하고, 교제할 수 있도록 하나님을 닮은 존재로 만드신 것이다.

인간은 하나님과 교제할 수 있는 하나님의 형상대로 만들어졌기 때문에, 하나님과 원만한 교제 가운데 존재할 때에 자신의 역할과 기능을 제대로 발휘할 수 있다. 형상대로 만들어진 인간이 원본인 하나님과 소통하는 상태를 이탈하여 독립적으로 존재한다면 인간의 역할과 기능은 제대로 작동할 수 없다. 하나님과 교제가 단절된 인간은 통화권을 이탈한 휴대폰과 같다. 단말기에 내장된 기능이 아무리 우수한 휴대폰이라 하더라도 통화권을 이탈하면 그 단말기는 휴대폰으로서의 기능을 발휘할 수 없다. 이와 마찬가지로 하나님의 형상대로 창조된 인간도 하나님과의 교제가 끊어지면 인간으로서의 정상적인 역할과 기능을 발휘할 수 없다.

따라서 인간에게 주어진 가장 중요하고 본질적인 사명은 창조자 하나님과 지속적인 교제를 유지하는 것이다. 하나님과 올바른 관계를 유지하는 것이 인간 존재의 가장 중요한 조건이다. 왜냐하면, 하나님과의 교제가 끊어지면 인간이 가지고 있는 대부분의 기능이 제대로 작동하지 않기 때문이다.

두 번째는 인간을 남자와 여자로 창조하셨다. 이것은 인간과 인간의 관계를 규정한 것이다.

"하나님이 자기 형상, 곧 하나님의 형상대로 사람을 창조하시되, 남자와 여자를 창조하시고"(창 1:27).

하나님께서 인간을 창조하실 때, 혼자서 살아가는 고립된 존재가 아니라, 공동체 안에서 살아가는 존재로 만들었다는 것이다. 아담이 혼자 살아가는 모습은 창조자 하나님이 보시기에도 좋지 않았다. 그래서 하나님은 아담을 돕는 배필 하와를 창조하셨다.

"아담이 이르되, 이는 내 뼈 중의 뼈요 살 중의 살이라. 이것을 남자에게서 취하였은즉, 여자라 부르리라 하니라. 24) 이러므로 남자가 부모를 떠나 그의 아내와 합하여 둘이 한 몸을 이룰 지로다. 25) 아담과 그의 아내 두 사람이 벌거벗었으나 부끄러워하지 아니하니라" (창 2:23-25).

아담과 하와는 하나님의 창조 계획안에서 완벽한 조화를 이루는 아름다운 관계를 맺었다. 하나님께서 창조하실 때의 아름다운 조화를 이루는 남편과 아내 사이는 어떤 갈등과 아픔도 있을 수 없는 관계였다. 서로에게 상처를 주고받는 일은 상상도 할 수 없었다.

따라서 인간에게 주어진 두 번째 사명은 아름다운 공동체를 세우는 것이다. 창조자 하나님과 아름다운 관계를 유지하는 것이 인간의 첫 번째 사명이라면, 아름다운 공동체 안에서 인간과 인간 사이의 아름다운 관계를 유지하는 것이 인간의 두 번째 사명이다. 이 두 가지 사명은 십계명에 잘 나타나 있다. 십계명의 첫 번째 돌 판에 해당되는 1계명에서 4계명까지는 하나님과의 올바른 관계에 초점을 맞추고 있다. 그리고 두 번째 돌 판에 해당하는 5계명에서 (관점에 따라서 5계명은 첫 번째 돌 판으로 분류될 수도 있지만) 10계명까지는 이웃과의 관계에 초점을 맞추고 있다.

세 번째는 인간을 영과 육을 가진 존재로 창조하셨다. 인간은 물질이 없는 영으로만 만들어진 것이 아니라, 물질로 구성된 육체와 영혼을 가진 존재로 만들어졌다.

"여호와 하나님이 땅의 흙으로 사람을 지으시고, 생기를 그 코에 불어넣으시니 사람이 생령이 되니라"(창 2:7).

인간의 육체는 물질적인 존재인 땅의 흙으로 만들어졌다. 그것이 인간의 전부가 아니다. 흙으로 만들어진 육체에 하나님이 생기를 불어넣어서 육체를 가지고 살아 움직이는 영적인 존재가 된 것이다.

인간이 영과 육으로 구성되었다는 것은 두 가지 중요한 의미를 가지고 있다. 하나는 영적인 존재와 물질적인 존재를 연결할 수 있는 중보자적인 역할이다. 인간은 하나님께서 불어 넣어 주신 영혼을 가진 존재이기 때문에 영적인 존재와 교제할 수 있다. 그리고 물질로 구성된 육체를 가지고 있기 때문에 물질세계와 긴밀한 관계성 속에서 살아가도록 만들어졌다. 인간은 영적인 존재이지만 육체를 가지고 있기 때문에 물질세계를 떠나서는 존재할 수 없다. 따라서 인간은 영적인 존재인 하나님과 물질적인 존재인 자연 세계를 연결하는 하나님의 대리자로서의 역할을 감당할 수 있는 존재로 만들어진 것이다.

다른 하나의 의미는 인간은 영과 육이라는 이질적인 존재로 구성되어 있기 때문에 이 둘의 조화가 깨어지지 않도록 자기 관리를 잘해야 한다는 것이다. 영과 육이 아름다운 조화를 이룬다면 영적인 세계와 물질적인 세계를 연결하는 중보자적인 역할을 수행할 수 있지만, 영과 육이 부조화를 이룬다면, 중보자적인 역할은 고사하고 인간 존재 자체가 와해될 수도 있다는 것이다. 다른 말로 표현하면, 인간을 구성하고 있는 영과 육의 아름다운 조화가 깨어지면 인간의 모든 기능은 정상적으로 작동할 수 없다는 것이다.

따라서 인간의 세 번째 사명은 자연과 아름다운 관계를 유지하는 건강한 육체와 하나님과 아름다운 관계를 유지하는 건강한 영혼이 유기적인 조화를 이루는 아름다운 상태를 유지하도록 자신을 잘 관리하는 것이다. 자신을 잘 관리하지 못하면, 하나님께서 창조의 대리자로 세우시고 맡기신 사명을 제대로 수행할 수 없다. 자기 관리가 안 되는 사람이 무슨 일을 제대로 할 수 있겠는가? 청지기 영성 훈련이 중요한 이유가 바로 여기에 있다.

청지기 영성 훈련으로 표현되는 자기 관리는 육체를 건강하게 관리하는 건강관리와 영혼이 하나님과 아름다운 관계를 유지하는 영성 훈련을 포함하는 것이다. 물질로 만들어진 육체를 건강한 상태로 유지하라고 에덴동산의 각종 나무의 열매를 먹을 수 있도록 허락하셨다. 물질로 구성된 인간의 육체는 음식물을 섭취하지 않고서는 건강한 상태를 유지할 수 없다. 뿐만 아니라 영혼이 하나님과 아름다운 관계를 유지하도록 하나님과 교제할 수 있는 하나님의 형상으로 창조하셨다. 땅에서 생산되는 건강한 음식물을 에너지로 공급하고, 하나님과 지속적인 교제를 유지하면, 인간은 영과 육이 아름다운 조화를 이룬 건강한 상태에서 하나님과 자연 세계를 연결하는 하나님의 대리자로서의 역할을 잘 감당하게 될 것이다.

인간에게 대리자의 사명을 주셨다

하나님께서 인간을 창조하시기 전에 인간 창조의 계획과 목표를 세우셨다.

"하나님이 이르시되, 우리의 형상을 따라, 우리의 모양대로 우리가 사람을 만들고, 그들로 바다의 물고기와 하늘의 새와 가축과 온 땅과 땅에 기는 모든 것을 다스리게 하자 하시고"(창 1:26).

하나님은 다른 모든 피조물들과 구별되게 인간을 특별한 존재로 만들었다. 그 이유는 인간에게 하나님의 대리자로 다른 모든 피조물들을 다스리라는 특별한 사명을 맡기기 위해서이다.

하나님께서 인간을 특별하게 창조하신 것은 특별한 사명을 맡기기 위한 하나님의 계획 아래서 이루어진 것이다.

하나님은 자신이 세우신 계획에 따라서 인간을 특별한 존재로 창조하셨다. 그리고 인간에게 자신이 세우신 계획을 이루도록 구체적인 사명을 주셨다.

> "하나님이 그들에게 복을 주시며, 하나님이 그들에게 이르시되, 생육하고 번성하여 땅에 충만하라, 땅을 정복하라, 바다의 물고기와 하늘의 새와 땅에 움직이는 모든 생물을 다스리라 하시니라"
> (창 1:28).

하나님은 인간을 특별한 존재로 만드셨을 뿐만 아니라, 특별한 사명을 수행하도록 특별한 은혜까지 주셨다. 하나님은 하나님의 형상대로 만드신 인간에게 생육하고 번성하라는 복을 주셨다. 그리고 땅을 정복하고, 하늘과 땅과 바다의 모든 생물을 다스리라는 사명을 주셨다.

하나님께서 인간에게 주신 '땅을 정복하라'는 사명과 '생물을 다스리라'는 사명은 자칫하면 큰 오해를 불러일으킬 수 있다. 인간이 하나님의 계획과 뜻에 관계없이 자의적으로 땅을 정복하고, 생물을 다스린다면, 인간의 특별한 지위와 역할은 인간의 유익과 편리를 위해서 왜곡되고 남용될 수 있다. '정복'과 '다스림'이 '착취'와 억압적인 '군림'이 될 수도 있기 때문이다. 그러나 앞에서 살펴본 대로 인간은 하나님과의 관계를 떠나서는 정상적인 기능을 발휘할 수 없는 존재로 만들어졌다. 인간의 모든 사명은 전적으로 창조자 하나님의 선하신 계획안에서, 하나님의 뜻을 따라서 수행되어야 하는 것이다. 그렇게 하기 위해서 하나님은 인간을 하나님과 교제할 수 있는 하나님의 형상대로 만들었고, 영과 육을 가진 존재로 만들었다.

하나님의 뜻을 따라서 땅을 정복하고, 생물을 다스리는 것은 자신의 유익을 위해서 착취하고, 억압하는 것이 아니라, 하나님의 영광을 위하여 하나님께서 창조세계 가운데 심어주신 잠재력을 충분히 드러나게 하라는 것이다. 이런 의미에서 인간에게 부여된 정복과 다스림의 사명은 '경작'이라는 말로 간단하게 정의할 수 있다.

인간에게 주어진 '정복'과 '다스림'의 사명은 그 내용에 있어서 '경작'의 사명이라는 것을 창세기 2장 15절에서 구체적으로 설명한다.

"여호와 하나님이 그 사람을 이끌어 에덴동산에 두어, 그것을 경작하며 지키게 하시고"(창 2:15).

경작은 착취와 억압적 군림과는 분명히 다르다. 경작이 무엇을 의미하는지는 농사나 화초를 가꾸는 일을 생각하면 쉽게 이해할 수 있다. 밭에 씨앗을 뿌려서 싹이 나고 잘 자라서 풍성한 열매를 맺도록 하는 모든 과정의 노력을 경작이라고 말할 수 있다. 다시 말하면, 경작은 자신의 유익을 위해서 다스림의 대상을 착취하는 것이 아니라, 오히려 그 반대다. 다스림의 대상이 가지고 있는 잠재력을 충분히 발휘하도록 돌보고, 가꾸고, 좋은 환경을 만들어주는 모든 섬김의 과정이다.

간단히 정리하면, 하나님께서 인간에게 주신 다스림의 사명은 하나님의 영광을 위해서 하나님께서 모든 피조물들에게 부여하신 잠재력을 충분히 드러내도록 가꾸고, 관리하는 경작의 사명이다. 다른 말로 표현하면, 다스림의 사명은 자신의 영광을 추구하는 것이 아니라, 하나님의 영광을 위한 섬김의 사명이다. 진정한 섬김은 섬김의 대상이 잠재력을 충분히 발휘하도록 자극하고, 가르치고, 가꾸는 경작의 사명이어야 한다.

인간이 하나님으로부터 부여 받은 경작의 사명을 잘 감당하기 위해서는 양쪽의 관계가 아름답게 유지되어야 한다. 한 쪽은 사명을 주신 하나님과의 관계가 정상적으로 잘 작동되어야 한다. 다른 한 쪽은 경작의 대상이 되는 땅과 생물들과의 관계가 정상적으로 잘 작동되어야 한다. 이 둘 중에서 어느 한 쪽이라도 제대로 작동되지 않으면 인간은 사명을 맡기신 하나님의 뜻을 제대로 수행할 수 없다. 인간이 하나님과 다른 피조물들 사이에서 하나님의 대리자로서의 사명을 효과적으로 잘 수행하기 위해서는 하나님과 교제할 수 있는 존재인 하나님의 형상대로 만들어진 창조의 특징과 하나님의 뜻을 다른 피조물들에게 구체적으로 적용할 수 있는 영혼과 육체로 구성된 자신의 특징을 충분히 활용해야 한다. 그래야 하나님과 피조물들 사이에서 자신에게 주어진 하나님의 대리자로서의 사명을 잘 감당할 수 있게 된다.

창조세계에서 인간이 수행해야 할 이런 특징적인 사명을 예수님은 청지기라는 개념으로 설명하신다.

"주께서 이르시되, 지혜 있고 진실한 청지기가 되어, 주인에게 그 집 종들을 맡아 때를 따라 양식을 나누어 줄 자가 누구냐?"(눅 12:42).

창세기 1장에서 하나님께서 인간에게 부여하신 사명과 예수님께서 지혜 있고 진실한 청지기에게 요구하는 사명은 그 성격에 있어서 동일한 것이다. 주인의 뜻을 따라서 그 집에 속한 식솔들을 잘 먹이고, 관리하는 것이 청지기가 감당해야 할 섬김의 사명이요, 경작의 사명이다. 이 사명을 잘 감당하기 위해서는 주인의 뜻을 정확하게 파악해야 하고, 식솔들이 가지고 있는 각각의 특성과 형편을 잘 알아야 한다.

창세기에서도 아담이 하나님의 청지기로서 다른 피조물들에게 하나님의 뜻을 구체적으로 적용해서 하나님의 뜻을 이루어가는 청지기로서의 사명을 완벽하게 수행하는 장면을 발견할 수 있다.

"여호와 하나님이 흙으로 각종 들짐승과 공중의 각종 새를 지으시고, 아담이 무엇이라고 부르나 보시려고 그것들을 그에게로 이끌어 가시니, 아담이 각 생물을 부르는 것이 곧 그 이름이 되었더라"(창 2:19).

하나님께서 만드신 들짐승과 공중의 새들은 동일한 특성을 가진 한 종류의 동물이 아니라, 각각의 다양한 특성을 가진 여러 종류의 동물들이라는 것을 알 수 있다. 다양한 동물을 만드신 하나님의 다음 계획은 그 동물들의 특성에 맞는 이름을 짓는 것이었다. 하나님은 동물들의 이름 짓는 일을 직접 하시지 않고 아담에게 그 일을 맡겼다. 하나님으로부터 구체적인 사명을 맡은 아담은 여러 종류의 동물들의 특성을 잘 살펴서 각각의 특성에 맞는 이름을 지었다. 그래서 아담이 부른 이름이 그 동물의 이름이 되었다.

아담이 각각의 동물들의 이름을 부르자 그것이 그 동물들의 이름이 되었다는 것은 무엇을 의미하는가? 첫째는 아담이 지은 동물들의 이름이 하나님의 의도에 맞았다는 것이다. 만약에 아담이 창조자 하나님의 의도와는 전혀 다른 이름을 지었다면 하나님이 아담이 지은 이름에 동의하지 않았을 것이다. 이 말은 아담이 동물들의 이름을 지으라는 하나님의 의도를 정확하게 이해하고, 그 뜻에 맞게 행동했다는 것이다.

둘째는 아담이 하나님의 의도에 맞게 동물들의 이름을 지었다는 것은 하나님께서 만드신 동물들의 특성을 정확하게 파악했다는 것이다. 아담은 이름을 짓기 전에 그 동물들의 고유한 특성을 파악하고, 그 특성에 맞는 이름을 지었다는 것이다. 이렇게 본다면, 아담은 창조자 하나님과 동물들 사이에서 하나님의 대리자로 동물들의 이름을 짓는 중보자적 청지기의 사명을 효과적으로 잘 감당했다.

아담이 동물들의 이름을 짓는 장면은 창조자 하나님과 모든 피조물들과 그 사이에서 창조의 대리자로 세움을 받은 인간 사이에 완벽한 조화를 이룬 아름다운 관계가 잘 유지되고 있다는 것을 보여주는 단적인 예이다. 하나님께서 창조하신 세계는 어떠한 갈등과 불협화음도 없이 하나님의 선하신 뜻대로 아름답게 작동되고 있음을 보여준다.

보시기에 심히 좋았더라.

창세기 1장 1절은 태초에 하나님이 천지를 창조하셨다고 선포한다. 하나님께서 누구의 도움도 받지 않고, 자신의 무한한 지혜와 능력으로, 자신의 기쁘신 뜻을 따라서 아무것도 없는 데서 천지만물을 창조하셨다. 그리고 하나님은 자신이 창조하신 모든 만물을 보시고, 이렇게 평가하셨다.

"하나님이 지으신 그 모든 것을 보시니, 보시기에 심히 좋았더라. 저녁이 되고 아침이 되니 이는 여섯째 날이니라"(창 1:31).

'하나님이 지으신 모든 것을 보시니, 보시기에 심히 좋았더라'는 말 속에는 어떤 의미가 들어 있겠는가? 모든 것이 하나님께서 계획하시고, 의도하신 대로 잘 이루어졌다는 말이다. 우리는 계획은 잘 세웠는데, 막상 일을 진행하다 보면 자신의 뜻대로 되지 않을 때가 수도 없이 많다. 글을 쓰는 것도 마찬가지이다. 생각은 좋지만 그것을 글로 풀어서 설명하려고 하면 쉽지가 않다. 어렵게 몇 자 적은 글도 마음에 흡족하게 생각되는 경우가 거의 없다. 이런 아쉬움은 지혜와 능력에 한계성을 가진 인간이 거의 공통적으로 경험하는 현상이다.

하나님은 지혜와 능력에 있어서 한계가 없으신 분이다. 전지전능하신 분이다. 그렇기 때문에 자신이 계획하고 의도한 것을 완벽하게 실현할 수 있는 능력도 있다. 전지전능하신 하나님께서 자신이 지으신 모든 것을 보시고, '심히 좋았더라'고 평가하셨다. 모든 것이 하나님이 의도하신 대로, 아름답고 선하게 창조되었다는 것이다.

하나님께서 '보시기에 심히 좋았더라'고 평가하신 '모든 것'에서 제외되는 것이 있겠는가? 이 세상에 존재하는 어떤 피조물도 하나님께서 말씀하신 '모든 것'에서 제외되는 것은 없다. 하나님의 창조세계에 처음부터 악하고 불의한 존재는 없었다는 것이다. 피조물들 중에서 하나라도 악한 것이 있었다면, 하나님은 '그 모든 것을 보시니, 보시기에 심히 좋았더라'고 평가하지 않으셨을 것이다.

하나님께서 창조하신 피조물들 사이에 서로 시기하고, 질투하고, 경쟁하는 그런 모습이 있었을까? 서로 시기하고 질투하는 관계는 보기에 좋은 것이 아니다. 가정에서 형제들 간에 서로 시기하고, 지나치게 경쟁한다면, 그것을 바라보는 부모의 마음은 어떻겠는가? 마음에 흡족하게 생각하고 기뻐하실까? 아니면 마음의 아픔을 가지고 안타깝게 바라보실까? '모든 것이 보시기에 심히 좋았더라'는 것은 각각의 피조물들이 선하고 아름다울 뿐만 아니라, 피조물들 상호간의 관계도 선하고, 아름다운 조화를 이루고 있다는 말이다. 피조물들 사이에 다툼과 시기가 있고, 서로에게 상처를 주고, 상처를 받는 관계라면 결코 '보시기에 심히 좋은' 모습이 될 수가 없다.

따라서 하나님께서 '모든 것을 보시니, 보시기에 심히 좋았더라'고 평가하신 것은 모든 피조물들의 존재가 선하고 아름다울 뿐만 아니라, 피조물들 상호간에도 완벽한 조화를 이루는 아름다운 공동체를 이루었다는 말이다. 완벽한 조화를 이룬 아름다운 공동체 안에서는 서로에게 상처를 주는 일도 있을 수 없고, 상처 받는 일도 있을 수 없다. 간단히 말하면, 하나님께서 창조하신 우주 만물은 아픔과 상처와 고통이 없는 완벽한 조화를 이룬 선하고 아름다운 창조 공동체였다.

치유를 위한 점검과 기도

1. '상처를 입는다'는 말은 무엇을 의미하며, '상처를 치료한다'는 말은 무엇을 의미하는지 설명해 봅시다.

2. 창세기 1장 1절 말씀이 내포하고 있는 하나님과 만물, 하나님과 인간 사이의 관계는 어떤 것인지 정리해 봅시다.

3. 창세기에 기록된 인간 창조의 말씀에서 인간에게 주어진 특별한 관계성과 그 속에서 인간이 감당해야 할 특별한 사명이 무엇인지 세 가지로 정리해 봅시다. 그리고 자신은 이런 자존감을 가지고 사명을 감당하고 있는지 점검해 봅시다.

**치유를 위한
점검과 기도**

4. 인간에게 주어진 '만물을 다스리라'는 사명은 구체적으로 어떻게 하는 것이라고 생각하십니까? 예수님은 '다스림'의 사명을 어떤 개념으로 설명하셨는지 얘기해 봅시다.

5. 하나님께서 세 가지 관계성 속에서 우리에게 맡기신 특별한 사명은 무엇인지, 그리고 그것을 어떻게 구체적으로 실천할 수 있는지를 점검하고, 그 사명을 충성스럽게 잘 감당할 수 있도록 기도합시다

Chapter Three

3
사탄의 파괴적인 공격

사탄의 공격

죄의 결과로 나타난 심리적 증상들
- 존재에 대한 불안
- 하나님에 대한 두려움
- 안전에 대한 방어본능

죄의 결과로 나타난 관계의 분리 현상들
- 창조자 하나님과의 분리
- 인간 관계의 분리
- 세상과의 분리
- 영혼과 육체의 분리

사탄의
파괴적인 공격

3

　앞장에서는 우주만물을 선하게 창조하셨다는 하나님의 창조에 대해서 설명하였다. 하나님이 우주만물의 창조자요, 창조의 주어이며, 모든 만물은 하나님의 창조 행위로 존재하게된 목적어에 해당된다. 창조의 주어인 하나님은 자신의 창조세계를 지속적으로 관리하고 경작하기 위해서 하나님의 형상대로 창조하신 인간을 자신의 대리자로 세웠다. 인간은 하나님의 창조세계 속에서 하나님의 대리자로 세움을 받고, 우주만물을 관리하고 경작하는 청지기의 사명을 부여 받았다. 모든 피조물들은 하나님이 계획하신 의도대로 아름다운 조화를 이루면서 잘 작동하였다. 그래서 하나님은 이 모든 것을 보시고 '보시기에 심히 좋았더라'고 만족한 평가를 하셨다.

　그런데 하나님의 선하신 창조세계를 시기하고, 파괴하려는 세력이 있었다. 사탄은 뱀을 앞세워서 아담과 하와를 유혹하였다.

"그런데 뱀은 여호와 하나님이 지으신 들짐승 중에 가장 간교하니라. 뱀이 여자에게 물어 이르되 하나님이 참으로 너희에게 동산 모든 나무의 열매를 먹지 말라 하시더냐?"(창 3:1).

예수님은 아담과 하와를 유혹하는 사탄의 정체를 하나님의 창조세계에 침입한 도둑이라고 정의한다.

"도둑이 오는 것은 도둑질하고 죽이고 멸망시키려는 것뿐이요, 내가 온 것은 양으로 생명을 얻게 하고 더 풍성히 얻게 하려는 것이라" (요 10:10).

예수님의 말씀 속에 하나님의 선하신 창조세계에 침입한 사탄의 목적과 역할이 무엇인지 정확하게 드러나 있다. 사탄이 들어온 목적은 약탈하고, 죽이고, 멸망시키기 위한 것이다. 사탄은 하나님의 아름다운 창조세계를 파괴하기 위해서 들어온 도둑이요, 약탈자이다.

사탄의 공격

사탄의 목표는 하나님의 창조세계를 파괴하는 것이다. 하나님께서 '보시기에 심히 좋았더라'고 평가하신 그 상태를 파괴하는 것이다. 그런데 사탄이 하나님의 창조세계를 파괴하기 위하여 구체적으로 세운 전략은 직접적인 폭력을 사용하는 것이 아니라, 대단히 교묘한 방법을 사용하는 것이다. 창조자 하나님과 창조세계에서 하나님의 대리자로 세움을 받은 인간을 이간질하여 창조세계의 아름다움을 파괴하는 것이다. 사탄이 하와를 유혹하는 과정을 기록한 창세기 3장은 사탄의 교묘한 전략을 잘 보여준다.

모든 유혹자가 그렇듯이, 사탄은 하와로 하여금 전혀 거부감을 느끼지 않는 친절을 가장한 교묘한 질문을 던지면서 하와에게 접근한다.

"뱀이 여자에게 이르되, 하나님이 참으로 너희에게 동산 모든 나무의 열매를 먹지 말라 하시더냐?"(창 3:1).

사탄의 입장에서 본다면, 이 질문은 적어도 두 가지 의도를 가지고 던진 것이다. 하나는, 하와가 하나님의 명령을 얼마나 정확하게 알고 있는지를 확인하는 목적이 있다. '하나님이… 라고 하시더냐?'라고 질문을 던짐으로써 하와의 상태를 확인하려는 목적이 있다. 다른 하나는, 하나님께 대한 불신과 의심을 충동질하는 질문이다. '참으로 모든 나무의 열매를 먹지 말라고 하시더냐?'라고 질문을 던진다. '먹지 말라'는 하나님의 금지 명령을 동산의 모든 나무의 열매로 확장시킴으로써, 하나님의 금지 명령을 부풀려서, 그것이 부당하다는 것을 강조하려고 시도한다.

사탄은 자신의 질문에 대한 하와의 답변을 통해서 하와가 하나님의 명령을 어떻게 인식하고 있는지를 파악할 수 있었다. 그리고 하와의 답변에서 결정적인 허점을 발견하게 된다.

"동산 중앙에 있는 나무의 열매는 하나님의 말씀에 너희는 먹지도 말고 만지지도 말라. 너희가 죽을까 하노라 하셨느니라"(창 3:3).

하와의 답변은 두 가지 면에서 허점을 보인다. 첫 번째는 '하나님의 말씀에 너희는 먹지도 말고 만지지도 말라'고 답변함으로써, 하나님의 금지를 과장하면서 하나님에 대한 불신을 조장하려는 사탄의 의도에 어느 정도 동조하는 듯한 인상을 준다. 하나님은 먹는 것을 금할 뿐만 아니라, 만지는 것까지도 금하고 있다는 것이다. 하나님의 금지가 지나치다는 느낌을 주는 답변이다.

두 번째는 '너희가 죽을까 하노라'라고 답변함으로써 사탄의 두 번째 공격에 대한 확실한 빌미를 제공한다. 하나님은 '먹는 날에는 반드시 죽으리라'(창 2:17)라고 말씀하셨다. 그런데 하와는 하나님의 강력한 금지 명령을 '죽을까 하노라'라는 답변으로 확실하게 약화시켜 버렸다. 하와의 답변은 하나님의 금지 명령이 부당하다고 과장하는 듯하면서도, 하나님의 금지 명령을 확실하게 약화시켜버리는 모순을 내포하고 있다. 하와의 불확실한 답변은 하나님의 금지 명령을 정확하게 인식하지 못한 그녀가 사탄의 교묘한 질문을 받고 사탄의 의도에 말려들어가고 있다는 증거이다.

하와의 답변에서 확실한 허점을 발견한 사탄은 대범한 말로 하와를 충동질한다. 사탄의 목표는 하나님의 선하신 창조세계를 파괴하는 것이고, 구체적인 전략은 창조자 하나님과 하나님의 대리자로 세움을 받은 인간을 이간질하는 것이라는 것을 염두에 두고 보면, 하와를 충동질하는 사탄의 공격이 얼마나 대범한 것인지를 알 수 있다.

"뱀이 여자에게 이르되, 너희가 결코 죽지 아니하리라"(창 3:4).

사탄의 공격은 하나님의 명령을 정면으로 부정하는 것이다. 하나님은 '반드시 죽으리라'고 말씀하셨는데, 사탄은 '결코 죽지 아니하리라'라고 충동질한다. 하나님의 말씀과 사탄의 충동질 사이에는 어떤 타협점도 있을 수 없다. 하나님과 사탄은 어떤 경우에도 공존할 수 없다. 이 말을 인간 편에서 본다면, 어떤 경우에도 하나님과 사탄을 겸하여 따를 수 없다는 것이다. 하나님 편에 서든지, 사탄의 편에 서든지 확실하게 판단해야 한다. 그 중간은 없다.

하나님의 명령을 정면으로 부정한 사탄은 하와로 하여금 하나님의 명령에 불순종하도록 만들기 위해서 확실한 '당근'도 제시한다.

"너희가 그것을 먹는 날에는 너희 눈이 밝아져 하나님과 같이 되어 선악을 알 줄 하나님이 아심이니라"(창 3:5).

'하나님과 같이 되리라'라는 사탄의 '당근'에 하와의 마음은 하나님에게서 사탄으로 기울어졌다. '반드시 죽으리라'는 하나님의 명령을 무시하고, '결코 죽지 아니하리라'라는 사탄의 말을 받아들이기 시작했다.

창조세계에서 하나님의 대리자로 세움을 받은 인간을 유혹하여 하나님의 창조세계를 파괴시키는 사탄의 하수인으로 만들고자 시도한 사탄의 전략은 대성공을 거둔다. 사탄의 유혹을 받은 하와는 '반드시 죽으리라'는 하나님의 말씀은 무시하고, '결코 죽지 아니하리라'는 사탄의 말을 믿고 따르게 되었다. 하와는 '하나님과 같이 될 수 있다'는 사탄이 불어넣은 욕심에 도취되어서 하나님의 명령을 무시하고 자기의 욕심에 따라 행동했다.

"여자가 그 나무를 본즉 먹음직도 하고 보암직도 하고 지혜롭게 할 만큼 탐스럽기도 한 나무인지라. 여자가 그 열매를 따먹고 자기와 함께 있는 남편에게도 주매 그도 먹은지라"(창 3:6).

하와는 하나님의 명령을 무시하고 사탄의 유혹을 받아서 선악을 알게 하는 나무의 열매를 따 먹었다. 거기에서 그치지 않고, 자기 남편인 아담에게도 주어서 하나님의 명령에 불순종하는 공범으로 만들었다. 하나님의 대리자로 세움을 받은 아담과 하와가 '하나님과 같이 되기 위해서' 하나님의 명령을 어기고 불순종함으로써 하나님의 대적자가 되었다. 하나님의 대적자가 된 아담과 하와는 사탄의 하수인으로 행동할 수밖에 없는 처지에 놓이게 되었다.

이렇게 해서 하나님의 창조세계에서 하나님의 대리자로 세움을 받은 아담과 하와가 하나님의 창조질서를 파괴하는 사탄의 하수인으로 타락하게 되었다. 사탄의 입장에서 평가한다면, 그의 교묘한 공격이 대성공을 거둔 것이다.

사탄의 유혹에 빠져서 '하나님과 같이 되려고' 하나님의 명령에 불순종한 행동을 아담과 하와의 입장에서는 어떻게 평가할 수 있겠는가? 사탄이 제시한 약속처럼 '하나님과 같이'되는 결과가 나타났을까? 전혀 그렇지 않다. 사탄이 약속한 것과는 정반대의 결과가 나타났다. 하나님과 같이 되기는커녕 모든 관계가 깨어지고,

모든 것을 잃어버리는 절망적인 상황을 맞이하게 되었다. 사탄이 제시한 '하나님과 같이'되는 대성공이 아니라, 모든 것을 잃어버리는 참패를 당한 것이다. 예수님이 말씀하신 대로 하와를 유혹한 사탄은 하나님의 창조세계에 침입한 도둑이다. '도둑이 오는 것은 도둑질하고 죽이고 멸망시키려는 것뿐'(요 10:10)이다. 아담과 하와가 범한 불순종의 결과는 유혹자 사탄의 말대로 된 것이 아니라, 여자의 후손으로 오신 예수님의 말씀대로 되었다.

죄의 결과로 나타난 심리적 증상들

아담의 불순종은 적어도 두 가지 면에서 심각한 후유증을 가지고 왔다. 하나는 아담의 내부에서 일어나는 심리적인 변화이며, 다른 하나는 아담과 다른 대상과의 관계에서 나타나는 외부적인 후유증들이다.

존재에 대한 불안

아담의 불순종은 인간의 마음속에 세 가지 심각한 병리현상이 일어나게 만들었다. 첫째는 존재에 대한 불안감이다.

"그들이 그 날 바람이 불 때 동산에 거니시는 여호와 하나님의 소리를 듣고, 아담과 그의 아내가 여호와 하나님의 낯을 피하여 동산 나무 사이에 숨은지라"(창 3:8).

아담과 하와는 아무도 공격하지 않는데도 숲 속에 숨었다. 아무도 공격하지 않는데도 자신을 숨긴다는 것은 그 마음속에 심각한 불안감이 있다는 증거이다.

아담과 하와가 숲 속에 숨게 된 직접적인 원인을 꼽는다면, '여호와 하나님의 소리'이다. 창조자 하나님의 소리가 아담과 하와에게 불안감을 조성하는 원인이 될 수 있는가? 적어도 아담이 불순종하기 전에는 그렇지 않았다고 단정적으로 말할 수 있다. 하나님의 말씀은 천지를 창조하신 능력이다. 하나님의 소리는 아담과 하와에게 사명을 맡기는 말씀이다. 하나님의 말씀은 모든 피조물들의 존재를 지탱하는 존재의 근원이다. 모든 피조물들은 하나님의 말씀에 순종함으로써 각각의 역할과 기능을 발휘하도록 창조되었다. 그런데 하나님의 형상대로 만들어진 아담과 하와가 하나님의 소리를 듣고 숲 속에 숨어버렸다. 하나님의 소리가 그들의 존재를 지탱하는 근원이 아니라, 그들의 존재를 위협하는 것으로 들린 것이다. 왜 이런 변화가 일어났을까?

인간은 하나님과 친밀하게 교제할 수 있는 하나님의 형상대로 창조되었다. 형상은 원본과 친밀하고 지속적인 교제를 통하여 자신의 기능과 역할을 정상적으로 수행할 수 있다. 그런데 아담과 하와는 하나님의 명령을 무시하고 거역하였다. 하나님과의 교제를 단절하고, 사탄의 말을 따라서 행동했다. 형상이 원본과의 교제가 단절되면 어떤 현상이 나타나겠는가? 사탄의 유혹에 빠져서 하나님의 명령을 거역하고 불순종한 아담과 하와의 상태는 통화권을 이탈한 휴대폰과 같다고 말할 수 있다. 통화권을 이탈한 휴대폰은 더 이상 휴대폰으로서의 기능을 발휘할 수 없다.

하나님의 명령에 불순종한 아담과 하와는 존재의 근원인 하나님과의 관계를 단절했기 때문에 자신의 존재에 대한 불안감을 가질 수밖에 없다. 예를 들면, 어머니의 사랑스런 돌봄 가운데서 천진난만하게 놀던 어린 아이가 어머니와 떨어져서 혼자 숲 속에 버려진 것과 같은 상황이다. 어머니와 떨어져서 숲 속에서 길을 잃은 아이는 외부로부터 어떤 공격도 받지 않는 상황에서도 스스로 불안감에 떨 수밖에 없다. 이와 마찬가지로 존재의 근원인 창조자 하나님과의 교제가 단절된 상태에서 살아가는 모든 사람들은 아무도 공격하는 이가 없어도 스스로 감당할 수 없는 존재에 대한 심각한 불안감을 가지고 있다.

하나님에 대한 두려움

두 번째는 하나님에 대한 두려움이다. 존재에 대한 불안감과 하나님에 대한 두려움은 동전의 양면과 같이 분리될 수 없다. 존재에 대한 불안감은 창조의 근원인 하나님과의 단절로부터 오는 불안이며, 하나님께 대한 두려움은 하나님과의 교제를 단절시킨 자신의 잘못에 대한 두려움이다. 자신의 잘못에 대한 하나님의 책임추궁을 두려워하는 것이다. 다른 말로 표현하면, 자기 스스로의 잘못을 인식하고, 하나님이 책임을 묻기도 전에 스스로 책임 추궁에 대한 두려움을 가지는 것이다.

"이르되 내가 동산에서 하나님의 소리를 듣고, 내가 벗었으므로 두려워하여 숨었나이다"(창 3:10).

하나님이 잘못에 대한 책임을 묻기도 전에 스스로 잘못을 깨닫고 하나님을 두려워한 것이다.

아담과 하와가 하나님께 대해서 느끼는 두려움은 더 구체적으로 자기 안전에 대한 두려움이다. 아담과 하와의 불순종은 자기들을 하나님의 대리자가 아닌 하나님의 경쟁자가 되게 만들었다. '하나님과 같이 되기' 위해서 하나님의 말씀에 불순종했기 때문에, 불순종 이후에 아담은 하나님을 경쟁자로 생각할 수밖에 없다. 경쟁자는 경쟁에서 이기든 지든 경쟁상대에 대한 두려움을 가질 수밖에 없다. 이것이 하나님께 불순종하며 살아가는 사람들이 가지는 두려움이다. 다시 말하면, 경쟁자로부터 해를 당하지 않고 안전을 지켜야 한다는 자신의 안전에 대한 두려움이다.

안전에 대한 방어본능

세 번째는 모든 불안과 두려움으로부터 자신의 안전을 지키려는 방어본능이다. 불안과 두려움을 가진 사람은 아무도 공격하는 사람이 없어도 자기 안전을 지키기 위한 조치를 취하게 된다. 자기 안전을 지키기 위한 행동은 여러 가지 단계로 나타난다.

자신의 안전을 지키려는 첫 번째 단계는 자신의 약점을 숨기려는 행동으로 나타난다. 아담과 하와가 하나님께 불순종한 후에 자신들이 벗고 있다는 것을 깨닫고, 그것을 가리기 위해서 두 가지 행동을 한다. 하나는 무화과나무 잎으로 치마를 만들어서 자신들의 수치를 가렸다(창 3:7). 그렇게 해도 그들의 수치에 대한 불안감과 두려움은 사라지지 않았다. 그래서 그들은 숲 속에 숨었다(창 3:10). 감추고 숨는 것은 자신의 안전을 지키려는 방어기제의 가장 기본적인 행동이다.

자신의 안전을 지키려는 두 번째 단계는 자신의 잘못을 다른 사람에게 전가하는 것이다. 자신의 잘못을 다른 사람에게 전가함으로써 자신의 정당성을 확보하려는 것이다. 감추고 숨는 단계는 외부로부터 직접적인 공격이 없는 상황에서 스스로 가지고 있는 불안과 두려움에 기인한 행동이라면, 책임 전가는 외부적인 비난과 공격이 가해질 때 나타나는 방어기제이다. 아담은 자신의 잘못에 대한 하나님의 추궁에 이렇게 답변한다.

> "아담이 이르되, 하나님이 주셔서 나와 함께 있게 하신 여자 그가 그 나무 열매를 내게 주므로 내가 먹었나이다"(창 3:12).

아담은 자신의 불순종을 하와의 탓으로 돌리면서 책임을 전가한다. 아담의 책임 전가는 하와에게 그치지 않고, 하와를 주신 하나님의 책임으로까지 몰고 간다. 남을 탓하면서 자신을 변호하는 아담의 논리를 따라간다면, 자신에게 선악과를 주면서 먹으라고 권한 하와가 일차적인 책임이 있다면, 이렇게 행동한 하와를 주신 하나님도 그 책임에서 자유로울 수 없다는 것이다. 아담은 자신의 잘못에 대한 책임을 하와와 하나님께 전가함으로써 자신의 정당성을 확보하려고 했다.

아담으로부터 잘못에 대한 책임을 전가 받은 하와는 뱀에게 책임을 전가하면서 자신의 정당성을 확보하려고 한다.

"여호와 하나님이 여자에게 이르시되, 네가 어찌하여 이렇게 하였느냐? 여자가 이르되, 뱀이 나를 꾀므로 내가 먹었나이다"(창 3:13).

자신의 잘못에 대한 책임 전가는 자신의 존재에 대한 불안과 두려움을 가진 사람들에게는 예외 없이 나타나는 자기방어기제이다.

자기 안전을 지키려는 세 번째 단계는 자기 안전을 위협하는 존재를 선제적으로 공격하는 폭력으로 나타난다. 자신이 경쟁 대상으로 생각하는 모든 사람들을 잠재적으로 자신의 안전을 위협하는 존재들로 간주한다. 창세기 4장에 기록된 가인과 아벨의 이야기에서 가인은 자신이 드린 제사가 하나님께 받아들여지지 않은 이유를 아벨 탓으로 돌린다. 객관적으로 보면 가인과 아벨이 하나님께 제사를 드리는 과정에서 그들은 서로에게 아무런 영향을 미치지 않고 독립적으로 제사를 드렸다. 그런데도 가인은 자신의 잘못에 대한 책임을 아벨에게 돌린다. 그 이유는 아벨의 행동에 대비되어서 자신의 잘못이 더 크게 보일 수 있다는 비교의식 때문이다. 가인의 비교의식이 하나님의 인정을 받는 과정에서 아벨을 경쟁 대상자로 생각하게 만들었다. 자신의 안전을 위협하는 경쟁 대상자를 제거해야 하나님 앞에서 자신의 안전이 확보된다고 생각했을 것이다. 그래서 가인은 아벨을 죽이는 폭력을 행사했다(창4:8).

자신의 안전을 지키려는 네 번째 단계는 자신의 내면적인 상처를 다른 사람들에게 폭발시킴으로써 자신의 불안감을 해소하려는 분노조절 장애로 나타난다. 이런 현상은 가인의 후손들에게서 구체적으로 나타난다.

"라멕이 아내들에게 이르되, 아다와 씰라여 내 목소리를 들으라. 라멕의 아내들이여 내 말을 들으라. 나의 상처로 말미암아 내가 사람을 죽였고, 나의 상함으로 말미암아 소년을 죽였도다"(창 4:23).

라멕은 아담처럼 외부로부터 책임 추궁을 받아서 폭력을 행사한 것이 아니다. 가인처럼 다른 사람과 비교해서 자신의 열등감 때문에 폭력을 행사한 것도 아니다. 자기 안에 있는 상처가 주는 고통을 견디지 못해서 다른 사람을 죽이는 폭력을 휘둘렀다. 그러면서도 자신의 잘못에 대한 자책감을 전혀 느끼지 못한다.

"가인을 위하여는 벌이 칠 배일진대, 라멕을 위하여는 벌이 칠십칠 배이리로다 하였더라"(창 4:24).

오히려 자신이 휘두른 폭력에 대해서 스스로 정당성을 부여하면서 자기 자신을 위로한다.

지금까지 설명한 내용은 사탄의 유혹으로 아담이 불순종함으로써 인간 내부에서 일어나는 심각한 후유증들이다. 존재에 대한 불안감을 느끼고, 창조자 하나님을 두려워하고, 자기 안전을 지키기 위해서 감추고, 숨고, 남을 탓하고, 폭력을 휘두르는 현상이 하나님이 창조하신 세계 가운데서 일어났다. 이런 현상을 보고서도 '하나님이 지으신 그 모든 것을 보시니, 보시기에 심히 좋았더라'(창 1:31)고 말할 수 있겠는가? 아담의 불순종은 하나님의 아름다운 창조세계에서는 결코 있어서는 안 될 부작용들을 초래하였다. 간단히 말하면, 하나님이 창조하신 세계의 아름다움이 깨어졌다는 것이다.

이런 면에서 사탄의 공격은 성공하였다. 아담의 불순종은 하나님의 대리자로 세움을 받은 아담이 하나님과의 관계를 단절하고 창조세계를 파괴하는 행동의 방아쇠를 당긴 것이다. 사탄은 아담을 창조세계를 경작하고 관리하는 하나님의 대리자가 아니라, 창조세계를 파괴하는 사탄의 하수인으로 행동하도록 만드는데 성공했다.

죄의 결과로 나타난 관계의 분리 현상들

아담과 하와는 사탄의 공격으로 인하여 하나님을 대적하는 불순종의 죄를 범했다. 그들이 사탄의 유혹에 넘어가서 범한 불순종의 죄는 그들의 내부적인 심리적 상태의 변화뿐만 아니라, 외부적인 관계에도 치명적인 부작용을 초래하였다. 하나님께서 창조하신 세계의 아름다운 조화가 아담의 불순종으로 인해서 심각한 상태로 깨어졌다. 아담과 관계된 모든 관계가 깨어지고, 왜곡되었다. 아담은 창조자 하나님에 의해서 창조의 대리자로 세움을 받았기 때문에, 하나님 다음으로 창조세계에서 중심적인 역할을 하게 되었다. 그런데 창조세계의 중심적인 역할을 하는 아담과 관계된 모든 관계가 깨어지고 왜곡되었다는 것은 창조질서 전체에 엄청난 파괴적인 결과를 가져왔다는 것을 의미한다.

창조자 하나님과의 분리

아담의 타락으로 인하여 깨어지고 왜곡된 관계를 크게 네 가지로 정리할 수 있다. 첫 번째 나타난 부작용은 아담과 창조자 하나님과의 관계가 깨어진 것이다. 하나님의 창조세계에서 아담에게 주어진 역할에 비추어 본다면, 하나님과의 관계가 깨어진 것은 아담 자신에게 뿐만 아니라, 창조세계 전체에 심각한 문제가 아닐 수 없다. 아담은 하나님의 창조세계를 관리하고, 경작하는 하나님의 대리자로 세움을 받았다. 아담이 이 역할을 잘 감당하기 위해서는 무엇보다도 하나님과 친밀한 의사소통이 가능해야 한다. 하나님은 아담을 창조할 때부터 이 점을 대단히 중요하게 생각하셨다. 그래서 아담을 하나님의 형상대로 만들어서 의사소통에 전혀 문제가 없도록 하셨다. 그런데 아담의 불순종은 아담의 존재와 역할에 가장 중요한 하나님과의 관계를 단절시키고 말았다.

아담이 범죄한 후에 외부적으로 나타난 두드러진 증상은 하나님의 부르심에 즉각적으로 반응해야 할 아담이 하나님의 목소리 듣기를 거부하고 숨어버린 것이다.

> "그들이 그 날 바람이 불 때 동산에 거니시는 여호와 하나님의 소리를 듣고, 아담과 그의 아내가 여호와 하나님의 낯을 피하여 동산 나무 사이에 숨은지라"(창 3:8).

아담 스스로 하나님과의 교제를 거부한 것이다. 쉽게 말하면, 아담은 자신이 하나님께 무엇을 어떻게 잘못했는지를 알고 있었다는 것이다. 그래서 하나님을 대할 면목이 없었기 때문에 피하고 숨었다.

아담에 의해서 이렇게 시작된 관계의 단절은 아담의 잘못에 대한 하나님의 심판으로 나타난다. 아담을 불러서 그의 잘못을 심문하신 하나님은 아담에게 추방령을 내린다.

"이같이 하나님이 그 사람을 쫓아내시고, 에덴동산 동쪽에 그룹들과 두루 도는 불 칼을 두어 생명나무의 길을 지키게 하시니라"(창 3:24).

심판의 결과로 아담은 심리적으로뿐만 아니라, 공간적으로도 하나님으로부터 분리되었다. 이로 인하여 하나님과 아담 사이의 소통은 극히 제한적으로 이루어질 수밖에 없었다. 이 말은 하나님의 대리자로서의 아담의 역할 수행이 거의 불가능한 상태에까지 이르렀다고 말할 수 있다. 하나님과의 아름다운 관계가 깨어지고, 원활한 교제가 단절됨으로 인해서 아담은 창조 때에 자신이 가졌던 특별한 지위와 역할의 대부분을 상실하고 말았다.

하나님의 형상대로 만들어진 아담의 첫 번째 사역은 하나님과 지속적으로 친밀하게 교제하는 것이었다. 그런데 그의 불순종으로 말미암아 하나님과 교제하는 그의 첫 번째 사역이 심각하게 왜곡되었다. 이로 인해서 아담 이후에 태어난 사람들에게 피조물들을 조물주로 섬기는 모든 형태의 우상 숭배를 포함한 수많은 영적인 문제가 발생하게 되었다.

인간관계의 분리

두 번째 나타난 부작용은 인간관계의 왜곡과 파괴이다. 하나님은 인간을 창조하실 때, 하나님의 형상대로 만들어서 하나님과 친밀하게 교제하면서 살아가도록 만들었을 뿐만 아니라, 공동체 안에서 살아가도록 창조하셨다.

"하나님이 자기 형상 곧 하나님의 형상대로 사람을 창조하시되 남자와 여자를 창조하시고, 28) 하나님이 그들에게 복을 주시며 하나님이 그들에게 이르시되, 생육하고 번성하여 땅에 충만하라. 땅을 정복하라. 바다의 물고기와 하늘의 새와 땅에 움직이는 모든 생물을 다스리라 하시니라"(창 1:27-28).

하나님은 인간을 만들 때 아담 한 사람을 창조한 것이 아니라, 남자와 여자로 창조하시고 그들에게 생육하고 번성케 되는 복을 주셨다. 그리고 하나님께서 창조하신 모든 피조물들을 다스리고 관리하는 사명을 주셨다. 다시 말하면, 하나님은 인간에게 창조의 대리자로서의 사명을 맡길 때, 아담 한 사람에게 맡긴 것이 아니라 남자와 여자로 창조되고 그 질서 안에서 생육하고 번성케 되는 인간 공동체에 맡겼다.

하나님은 인간을 남자와 여자라는 공동체로 만들었지만, 거기에는 어떤 문제와 갈등도 없는 완벽한 조화와 친밀한 교제로 인하여 한 사람을 만든 것이나 전혀 다를 바가 없는 아름다운 관계가 이루어졌다.

"아담이 이르되, 이는 내 뼈 중의 뼈요, 살 중의 살이라. 이것을 남자에게서 취하였은즉 여자라 부르리라 하니라"(창 2:23).

남자와 여자의 창조는 둘이 한 몸이 되는 완벽한 조화를 이루었을 뿐만 아니라, 아담이 혼자였다면 누릴 수 없었던 기쁨을 누리게 했다. 하나님은 인간에게 공동체 안에서 서로 사랑하고 교제하며 살아갈 수 있는 기쁨과 다양성을 경험할 수 있는 복을 주셨다.

그런데 아담의 타락은 하나가 되는 친밀한 관계와 완벽한 조화로 이루어진 아름다운 사랑의 인간 공동체를 파괴시키고, 왜곡시켰다. 아담의 타락 이후에 인간관계에 어떤 변화가 일어났는지는 창세기 2장 23절과 그 이후에 일어난 변화들을 비교해 보면 쉽게 알 수 있다.

"아담이 이르되, 하나님이 주셔서 나와 함께 있게 하신 여자 그가 그 나무 열매를 내게 주므로 내가 먹었나이다"(창 3:12).

아담이 타락한 이후에 인간관계에서 나타난 첫 번째 증상이 서로를 탓하면서 책임을 전가하는 것이다. '내 뼈 중의 뼈요, 살 중의 살'이었던 하와가 원망과 불평의 대상으로, 책임전가의 대상으로 전락하고 말았다. 책임전가는 겉으로 드러나는 현상보다는 그 내면에 심각한 문제를 숨기고 있다. 만약에 아담의 말대로 하와에게 모든 잘못을 전가하는 것이 성공했다면 어떻게 되었을까? 하와는 불순종의 죄를 지고 죽음을 당하고, 아담은 그 모든 죄에서 벗어나서 자유롭게 될 것이다. 간단히 말하면, 책임 전가는 '너 죽고 나 살자'는 것이다. 내가 살기 위해서 다른 사람을 죽이려는 것이 책임 전가의 근본적 동기이다. 아담만 책임을 전가한 것이 아니라, 하와도 책임을 전가했다. 그 대상이 다를 뿐이다. 타락한 인간의 마음속에 자리잡고 있는 자기 안전에 대한 불안과 두려움이 인간관계에서 책임 전가라는 구체적인 행동으로 나타난 것이다.

하나님은 책임을 전가하는 아담과 하와의 모습을 보시고, 그들의 내면에 숨겨진 동기를 밖으로 드러내어서 타락한 인간관계의 실상을 공개적으로 선포하셨다.

"또 여자에게 이르시되, 내가 네게 임신하는 고통을 크게 더하리니, 네가 수고하고 자식을 낳을 것이며, 너는 남편을 원하고 남편은 너를 다스릴 것이니라 하시고"(창 3:17).

아담과 하와의 관계가 '뼈 중의 뼈요, 살 중의 살'이라고 고백하는 완벽한 사랑의 관계에서 '너는 남편을 원하고, 남편은 너를 다스릴 것'이라는 투쟁적 경쟁 관계로 타락하고 말았다.

여기에 한 가지 덧붙인다면, 하나님이 주신 '생육하고 번성케 되는 복'이 고통과 수고로 바뀌었다는 것이다. 간단히 말하면, 아담의 타락은 하나님께서 주신 모든 선한 것을 인간 스스로에게 고통과 아픔을 주는 악한 것으로 바꾸어 놓았다는 것이다. 이런 면에서 인간을 유혹해서 하나님의 아름다운 창조 질서를 파괴하고자 하는 사탄의 계획에 아담과 하와는 충성스럽게 봉사하였다.

이런 변화는 아담과 하와에게서 끝나는 것이 아니라, 아담과 하와를 통해서 태어나는 모든 인간들에게 공통적으로 나타난다.

왜냐하면, 아담과 하와의 타락은 인간 공동체 전체의 타락을 의미하기 때문이다. 하나님은 처음부터 인간에게 사명을 맡기실 때, 아담이나 하와 개인에게 맡긴 것이 아니라, 창세기 1장 27-28절에서 살펴본 대로 인간 공동체에 맡기셨다.

아담과 하와를 통하여 타락한 인간 공동체는 하나님의 충성스런 청지기로 살아가기보다는 인간 역사 속에서 사탄의 계획을 수행하는 사탄의 하수인 역할을 수행하게 되었다. 아담과 하와 사이에서 시작된 투쟁과 경쟁적 관계는 그들의 아들 대에 와서는 더 구체적인 행동으로 드러난다.

"네가 선을 행하면 어찌 낯을 들지 못하겠느냐? 선을 행하지 아니하면 죄가 문에 엎드려 있느니라. 죄가 너를 원하나 너는 죄를 다스릴지니라. 8) 가인이 그의 아우 아벨에게 말하고, 그들이 들에 있을 때에 가인이 그의 아우 아벨을 쳐죽이니라"(창 4:7-8).

가인은 '죄가 너를 원하나, 너는 죄를 다스릴지니라'는 하나님의 경고에도 불구하고, 선을 행하지 않고 죄의 충동에 굴복하여 동생 아벨을 쳐 죽였다. 가인은 하나님의 경고를 따른 것이 아니라, 동생을 죽임으로써 아름다운 인간 공동체를 파괴하려는 사탄의 계획을 성실히 수행했다.

타락한 인간 공동체가 하나님을 대적하는 행동은 인간 사회 전반에 걸쳐서 광범위하게 확산되었다.

"여호와께서 사람의 죄악이 세상에 가득함과 그의 마음으로 생각하는 모든 계획이 항상 악할 뿐임을 보시고"(창 6:5).

하나님은 타락한 인간이 계획하고 생각하는 모든 것이 항상 하나님의 뜻을 거역하는 악한 것이라고 분명히 지적하신다. 인간이 마음으로 계획하고 생각하는 것이 항상 악한 것이니까, 그들이 행하는 사회적, 문화적, 정치적 모든 영역의 활동이 악한 것일 수밖에 없다.

지금까지 살펴본 내용은 인간 사회에서 일어나는 모든 파괴와 고통과 아픔의 근원이 무엇인지를 정확하게 가르쳐 준다. 우리가 경험하는 모든 고통과 아픔의 근원은 인간이 창조자 하나님의 뜻을 거역하고, 창조세계에 침입한 약탈자 사탄의 꾐에 빠져서 행동한 결과이다. 예수님이 지적하신 대로, 사탄의 목적은 '도둑질하고 죽이고 멸망시키려는 것'(요 10:10)이다. 아담 타락한 이후에 인간이 살아가는 모습을 보면 사탄의 목적을 이루기 위해서 충성스럽게 봉사하고 있다는 생각을 지울 수가 없다.

하나님은 인간을 창조하실 때, 남자와 여자로 창조하시고 아름다운 언약 공동체를 세우라는 사명을 주셨다. 그런데 타락한 인간이 살아가는 모습은 공동체를 세우기는 커녕 공동체를 파괴하는 일만 하고 있다. 사탄의 꾐에 빠져서 공동체를 파괴하는 행동을 한 결과는 하나님을 거역하는 것뿐만 아니라, 인간 스스로도 견디기에 너무나 힘든 아픔과 고통을 경험하며 살아가는 것이다.

세상과의 분리

세 번째 나타난 부작용은 세상과의 관계가 파괴되고 왜곡된 것이다. 하나님은 인간에게 창조세계를 지키고 경작하는 사명을 주셨다.

"여호와 하나님이 그 사람을 이끌어 에덴동산에 두어 그것을 경작하며 지키게 하시고"(창 2:15).

인간에게 맡겨진 경작의 사명은 하나님의 창조사역의 연속이다. 하나님께서 인간이라는 대리자를 세워서 세상을 하나님의 영광으로 충만하게 채우는 경작의 사명을 맡기셨다.

하나님이 세우신 인간 대리자를 통한 창조사역이 어떻게 진행되는 지는 아담이 동물들의 이름을 짓는 사건을 통해서 구체적으로 보여준다.

"여호와 하나님이 흙으로 각종 들짐승과 공중의 각종 새를 지으시고, 아담이 무엇이라고 부르나 보시려고 그것들을 그에게로 이끌어 가시니, 아담이 각 생물을 부르는 것이 곧 그 이름이 되었더라"(창 2:19).

'아담이 각 생물을 부른 것이 곧 그 이름이 되었더라'는 말은 두 가지 면에서 중요한 의미를 가지고 있다.

하나는, 동물들의 이름을 짓는 과정에서 아담은 하나님의 뜻을 정확하게 이해하고, 하나님의 뜻에 맞게 이름을 지었다는 것이다. 아담이 지은 이름대로 되었다는 것은 창조자 하나님도 아담의 행동에 전적으로 동의했다는 것을 의미한다.

다른 하나는, 동물들도 아담의 행동에 전적으로 순응했다는 것이다. 간단히 말하면, 아담이 하나님의 의도에 맞게 동물들의 이름을 지었고, 동물들은 아담의 그런 행동에 전적으로 순응하였다. 이것이 창조세계에서 아담에게 맡겨진 경작의 사명이다. 아담의 경작의 사명은 창조자 하나님과 하나님의 대리자인 자신과 동물들을 모두 만족시키는 아름다운 행동이었다.

그런데 아담이 타락한 이후에는 세상을 경작하는 아담의 행동에 심각한 부작용이 발생하였다. 첫째는 경작의 사명 자체가 아담에게 만족과 기쁨을 주는 것이 아니라 고통으로 변했다.

> "아담에게 이르시되, 네가 네 아내의 말을 듣고 내가 네게 먹지 말라 한 나무의 열매를 먹었은즉, 땅은 너로 말미암아 저주를 받고, 너는 네 평생에 수고하여야 그 소산을 먹으리라"(창 3:17).

아담의 타락은 아담 자신의 생존 자체를 수고와 고통으로 변화시켰을 뿐만 아니라, 땅도 저주를 받게 만들어서 만물이 고통 가운데서 신음하게 만들었다. 창조자 하나님과 자신과 다른 피조물들을 모두 만족하게 만들었던 아담의 경작의 사명이 아담의 타락 이후에는 모두에게 고통과 아픔을 안겨주고 말았다.

둘째는 아담으로 인하여 저주를 받고 고통 가운데 신음하게 된 땅이 적극적으로 아담의 행동에 거역하고 불순종하게 되었다.

"땅이 네게 가시덤불과 엉겅퀴를 낼 것이라"(창 3:18).

아담이 땅을 경작하면 땅은 아름다운 열매를 내어서 땅을 경작한 아담에게 기쁨을 주는 것이 하나님께서 계획하신 창조의 모습이다. 그런데 땅이 아름다운 열매를 맺는 것이 아니라, 적극적으로 아담에게 아픔과 고통을 주는 '가시덤불과 엉겅퀴'를 내게 되었다. 아담이 땅을 저주 받게 만든 것에 대한 땅의 보복이라고 말할 수 있다.

간단히 말하면, 아담의 타락은 하나님과 자신과 모든 피조물들에 기쁨과 만족을 주어야 할 경작의 사명이 모두에게 고통과 아픔을 주는 일로 변화시켜버렸다. 아담은 평생에 수고하는 고통을 당해야 하고, 아담의 타락으로 인하여 저주를 받고 고통 가운데서 신음하는 땅은 가시덤불과 엉겅퀴를 내어서 아담에게 보람과 기쁨이 아니라 아픔과 고통과 절망감을 안겨주었다. 서로에게 만족과 기쁨을 주는 아름다운 창조 질서가 서로에게 아픔과 고통을 주는 투쟁적 경쟁 관계로 타락하고 말았다.

영혼과 육체의 분리

네 번째 나타난 부작용은 아담 자신의 분리이다. 아담은 흙으로 만든 육체와 하나님이 불어넣으신 호흡(영혼)이 합하여서 하나의 생명체를 이루는 독특한 존재로 창조되었다.

"여호와 하나님이 땅의 흙으로 사람을 지으시고 생기를 그 코에 불어넣으시니, 사람이 생령이 되니라"(창 2:7).

아담의 타락은 모든 창조세계의 아름다운 조화를 깨고 분리가 일어나는 심각한 부작용을 초래하였다. 이런 분리 현상은 아담과 하나님의 관계에서 일어났고, 아담과 하와의 관계에서 일어났고, 아담과 세상과의 관계에서 일어났다. 아담의 타락으로 인해 발생한 이 분리 현상은 창조세계를 얼마나 철저하게 오염시켰는지 아담 자신도 이것을 피해 갈 수가 없었다. 범죄의 결과로 발생한 분리 현상이 아담의 육체와 영혼도 분리시키고 말았다.

"네가 흙으로 돌아갈 때까지 얼굴에 땀을 흘려야 먹을 것을 먹으리니, 네가 그것에서 취함을 입었음이라. 너는 흙이니 흙으로 돌아갈 것이니라 하시니라"(창 3:19).

분리의 완성은 아담의 영혼과 육체의 분리이다. 간단히 말하면, 아담의 죽음이다. 사탄이 유혹한 타락의 마지막 결론은 죽음이다. 이렇게 하여 '도둑질하고, 죽이고, 멸망시키려는'(요 10:10) 사탄의 계획은 대성공을 거둔 것처럼 보인다.

하나님과 같이 되려는 욕심으로 하나님의 명령에 거역하고 불순종한 아담의 타락은 선하게 창조된 세계에 투쟁과 경쟁을 유발하여 아름다운 관계를 와해시키는 분리현상을 몰고 왔다. 투쟁과 경쟁관계에 의해서 촉발된 분리 현상은 창조세계의 아름다운 조화를 깨고, 모두에게 아픔과 고통을 주는 치명적인 부작용을 초래하였다. 아담의 타락은 인간 공동체를 타락시켰고, 창조세계의 모든 관계를 타락시켰다. 그로 인해 인간 공동체에 속한 모든 사람들과 창조세계에 속한 모든 피조물들은 고통 가운데서 신음하게 되었다.

"피조물이 허무한 데 굴복하는 것은 자기 뜻이 아니요, 오직 굴복하게 하시는 이로 말미암음이라. 21) 그 바라는 것은 피조물도 썩어짐의 종노릇 한 데서 해방되어 하나님의 자녀들의 영광의 자유에 이르는 것이니라. 22) 피조물이 다 이제까지 함께 탄식하며 함께 고통을 겪고 있는 것을 우리가 아느니라. 23) 그뿐 아니라 또한 우리 곧 성령의 처음 익은 열매를 받은 우리까지도 속으로 탄식하여 양자 될 것 곧 우리 몸의 속량을 기다리느니라"(롬 8:20-23).

오늘날 우리가 경험하고 있는 인생의 모든 고통과 삶의 병리현상들은 사탄의 공격에 굴복한 아담의 범죄로 인하여, 우리가 살아가는 세상의 모든 환경과 삶이 죄에 오염되었기 때문에 나타나는 심각한 부작용이다.

치유를 위한 점검과 기도

1. 창조 세계에 침입한 사탄의 정체와 목적은 무엇이라고 생각하십니까?

2. 자신의 목적을 달성하기 위해서 사탄이 취한 전략과 구체적인 행동은 어떤 것인지 설명해 봅시다. 그리고 그것이 실제적으로 우리의 생활 속에 어떤 모습으로 나타나는지 점검해 봅시다.

3. 사탄의 공격이 인간의 마음에 후유증으로 남긴 심리적 증상들을 3가지로 정리해 봅시다. 그리고 그런 증상들이 우리의 삶에 구체적으로 어떻게 영향을 미치는지 점검해 봅시다.

4. 사탄의 공격이 인간의 삶에 전반적으로 미치는 관계의 분리 현상들을 4가지로 정리해 봅시다. 그리고 그것들이 우리의 사명을 얼마나 심각하게 왜곡시키고, 파괴시켰는지 점검해 봅시다.

5. 현재의 삶 속에서 우리가 경험하는 모든 고통과 삶의 병리현상에도 불구하고, 사탄의 방해를 극복하고 하나님이 맡기신 사명에 집중할 수 있도록 기도합시다.

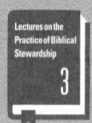

청 지 기
영성훈련
특   강

Chapter Four

4
치료를 위한 하나님의 개입

억제를 위한 개입
- 범죄 당사자들을 벌하심
- 창조 질서에 역행하는 행동을 억제시킴
- 집단적인 죄악을 심판하심

치료를 위한 부르심
- 하나님의 부르심
- 회복에 필요한 은혜를 베푸심
- 회복을 위한 대리자를 세우심

하나님께서 직접 찾아 오심

치료를 위한
하나님의 개입

4

　태초에 하나님께서 천지를 창조하셨다(창1:1). 이것이 성경의 시작이요, 우주 만물의 시작이다. 이 세상에 존재하는 모든 사물은 하나님의 창조에 의해서 만들어졌고, 존재하기 시작했다. 하나님이 창조하신 세계는 보기에 심히 좋은 아름다운 세계였으며, 존재 자체에 악이 없는 선한 세계였다(창 1:31). 인간의 존재와 역사도 하나님의 창조라는 큰 틀 안에서 시작하고, 발전하고, 지금까지 전개되어 왔다. 이것은 결코 부정할 수 없는 사실이며, 현실이다.

　하나님께서 창조하신 아름다운 창조세계에는 그것의 아름다움과 선함을 시기하고, 파괴하려는 침략자가 있었다. 침략자의 실체는 에덴동산에서 뱀을 앞잡이로 세워 하와와 아담을 유혹하여 타락시킨 사탄이다. 사탄이 창조세계에 침입한 목적은 아름다운 창조세계를 파괴하고 약탈하기 위한 것이다. 목표를 달성하기 위해 사탄이 취한 전략은 창조세계에서 하나님의 대리자로 세움을 받은 인간을 유혹하여 사탄의 하수인으로 만들어 창조세계를 파괴하는 것이다. 사탄은 이러한 음모를 대단히 멋있고, 매력적인 것으로 포장하여 인간에게 접근한다. 하나님의 대리자인 인간에게 하나님의 통제 아래에 묶여 있지 말고, 하나님의 통제를 벗어나서 자신의 세계를 만들어가라고 충동질한다. 이러한 충동은 아담과 하와에게 자기들도 하나님과 같이 될 수 있다는 착각을 불러일으키게 만들었다. 그래서 아담과 하와는 하나님의 명령을 거부하고, 자기들의 뜻대로 행동하기 시작했다. 이로 인해서 하나님의 창조세계의 아름다움은 깨어지고, 파괴되는 위기에 직면하게 되었다.

자신의 정체를 숨기고 창조세계에 침략하여 인간을 유혹한 사탄의 정체를 예수님은 '도둑'이라고 규정하고, '도둑이 오는 것은 도둑질하고, 죽이고 멸망시키려는 것뿐'(요 10:10)이라고 그 실체를 구체적으로 드러내었다. 그 과정이야 어떻게 되었든 간에 부정할 수 없는 현실은 하나님의 선하신 창조세계 안에 도둑이 침입해 들어왔다는 것이다.

창조세계에 침입한 도둑은 가만히 있지 않고, 하나님의 계획을 파괴하기 위해서 적극적으로 약탈하고, 죽이는 일을 하면서 세상을 휘젓고 다닐 뿐만 아니라, 인간의 마음에 죄악의 바이러스를 감염시켜서 인간이 살아가는 삶의 전 영역을 하나님께 불순종하는 죄악으로 오염시켰다. 그래서 하나님의 창조세계는 심각한 위기에 직면하게 되었다. 침략한 도둑을 잡는 것도 중요하지만, 더 큰 문제는 침략자가 감염시킨 죄악의 바이러스를 제거하는 것이다.

하나님은 아름다운 창조세계가 회복 불가능한 상태로 파괴될지도 모르는 심각한 위기를 극복하기 위해서 어떤 행동을 취하실까? 위기에 직면한 창조세계를 원상태로 회복하기 위해서 하나님은 두 가지 면에서 적극적으로 개입하신다. 첫 번째는 창조세계를 파괴시키는 침략자와 죄악의 바이러스가 확산되는 것을 억제시키는 것이다. 두 번째는 죄악의 바이러스에 감염된 인간을 치료하여 그에게 주어진 하나님의 대리자로서의 본래의 사명을 회복시키고 그를 통해서 창조세계 전체를 회복시키는 것이다. 간단히 말하면, 하나님은 사탄의 침입으로 창조세계가 직면한 파괴의 위기를 극복하기 위해서 '억제'와 '회복'이라는 두 가지 방향에서 적극적으로 개입하신다.

억제를 위한 개입

'억제'를 위한 하나님의 개입은 하나님의 창조질서를 문란하게 하고, 창조의 아름다움을 파괴하는 행동을 억제시키는데 초점을 맞추고 있다. 예를 들면, 사람이나 가축이 전염병에 감염되었을 때, 일차적으로 취할 조치는 전염병이 확산되지 않도록 감염된 지역을 통제하고, 감염된 개체를 격리시키는 것이다. 간혹 신문에 전염병에 감염된 가축이 발견된 지역을 중심으로 그 인근에서 사육되는 수십만 마리의 가축을 죽여서 땅에 매장하는 끔찍한 사건이 보도된 것을 보았을 것이다. 멀쩡하게 살아있는 수십만 마리의 가축을 죽여서 매장하는 것이 엄청난 손해이기는 하지만, 이것은 전염병이 확산되는 것을 막기 위한 불가피한 조치라고 한다. '억제를 위한 하나님의 개입'도 죄악이 확산되는 것을 막기 위한 불가피한 조치이다.

범죄 당사자들을 벌하심

억제를 위해서 개입하시는 하나님의 행동은 크게 세 가지 유형으로 분류할 수 있다. 첫 번째 유형은 범죄 당사자들의 책임을 물어서 벌하시는 것이다. 이것은 범죄 당사자들에게 그들의 잘못이 무엇인지를 분명하게 인식시키고, 징계함으로 인해서 그런 행동을 쉽게 할 수 없도록 억제시키는 효과가 있다. 예를 들면, 우리가 살아가는 일상생활 속에서 사회적으로나 타인에게 심각한 고통과 피해를 주는 범죄자들에게 중벌을 내려서 그런 행동에 대한 잠재적 충동을 억제시켜서 범죄를 예방하는 것과 같다고 말할 수 있다.

범죄 당사자들을 벌하시는 하나님의 첫 번째 재판은 인간이 처음으로 범죄한 에덴에서 열렸다. 하나님께서 재판장으로 앉으셔서 하나님이 금지하신 선악과를 따먹은 범죄 당사자들을 심문하신다. 하나님께서 먼저 아담에게 질문하신다. '내가 네게 먹지 말라 명한 그 나무 열매를 네가 먹었느냐?'(창 3:11절). 하나님의 질문에 아담은 하와가 주어서 먹었다고 답변했다(창 3:12). 아담의 답변을 들은 하나님은 이번에는 하와에게 질문하신다. '네가 어찌하여 이렇게 하였느냐?'(창 3:13). 하나님의 질문에 하와는, '뱀이 나를 꾀므로 내가 먹었나이다'(창 3:13)라고 답변한다. 재판장으로 앉으신 하나님은 사건 당사자들을 심문하여 사건의 전모를 공개적으로 파악하셨다.

사건의 전모를 파악한 하나님께서 범죄 당사자들에게 그들의 행동에 상응하는 징계와 벌을 내리신다. 하나님은 '뱀에게 이르시되, 네가 이렇게 하였으니'(창 3:14)라고 말씀하시면서 뱀에게 일차적 책임을 물으면서 벌을 내리신다: '네가 모든 가축과 들의 모든 짐승보다 더욱 저주를 받아 배로 다니고, 살아 있는 동안 흙을 먹을지니라'(창 3:14). 그리고 뱀은 여자의 후손과 원수가 되게 하고, 여자의 후손에 의해서 머리를 상하게 될 것이라는 벌을 내리신다(창 3:15). 하나님의 형벌에 의하면, 사탄의 행동은 여자의 후손에 의해서 결정적인 패배를 경험하게 될 것이다. 하나님의 창조세계를 파괴하려는 사탄의 행동이 자신의 의도대로 성공하지 못하고, 실패하게 될 것이라는 사실을 선포하신 것이다.

다음으로 하나님은 하와의 책임을 물으신다. 하와에게는 임신과 출산의 고통을 크게 더하고, 남편의 다스림 아래 놓이게 될 것이라고 선고하신다(창 3:16). 하와가 선악과를 먹은 일로 인해서 하나님으로부터 징계를 받았다는 것은 뱀의 유혹을 받았다고 해서 잘못에 대한 하와의 책임이 없어지는 것이 아니라는 사실을 분명히 보여 주는 것이다. 유혹을 받아도 잘못은 자신의 판단과 행동에 의한 것이기 때문에 거기에 상응하는 책임을 피할 수 없다는 것이다.

마지막으로 아담에게 벌을 내리신다. 아담이 아내의 말을 듣고 선악과를 먹었다고 해서 그의 책임이 없어지는 것은 아니다. 하나님의 판단에 의하면, 어떤 과정을 거쳤든지 아담이 범한 행동이다: '내가 네게 먹지 말라 한 나무의 열매를 먹었은즉'(창 3:17). 결과적으로 아담은 하나님의 명령을 거역하고, 하나님이 금지하신 선악과를 먹었다. 아담의 이유와 변명에도 불구하고, 아담이 자신의 잘못에 대한 책임을 벗을만한 어떤 이유도 있을 수 없다는 것이다.

아담의 잘못으로 인하여 발생한 파급효과는 아담 자신뿐만 아니라, 아담에게 맡겨진 모든 피조물들에게도 영향을 미치게 되었다. 아담의 잘못으로 먼저 땅이 저주를 받게 되었다(창 3:17). 땅이 저주를 받은 이유는 땅을 경작할 사명을 받은 아담에게 고통을 주는 형벌이었다. 아담은 평생 수고하여야 음식을 먹을 수 있었다. 그리고 땅은 아담에게 적극적으로 불순종하여 아담의 경작에 '가시덤불과 엉겅퀴'(창 3:18)를 내게 되었다. 하나님에 의해 창조의 대리자로 세움을 받고, 하나님의 창조세계를 지키고 경작할 사명을 받은 아담의 잘못은 그의 경작의 대상이 되는 모든 피조물들이 저주를 받는 엄청난 고통을 몰고 왔다.

하나님의 재판은 창조의 대리자로 세움을 받은 아담의 죽음을 선포하는 것으로 절정을 이룬다.

> "네가 흙으로 돌아갈 때까지 얼굴에 땀을 흘려야 먹을 것을 먹으리니, 네가 그것에서 취함을 입었음이라. 너는 흙이니 흙으로 돌아갈 것이니라"(창 3:19).

아담의 죽음에 대한 하나님의 선포는 대단히 중요한 의미를 가지고 있다. 하나님은 아담에게 분명하게 명령하시고 경고하셨다.

"선악을 알게 하는 나무의 열매는 먹지 말라. 네가 먹는 날에는 반드시 죽으리라 하시니라"(창 2:17).

하나님의 강력하고도 분명한 경고가 있었음에도 불구하고, 사탄은 하나님의 명령을 정면으로 부정하면서 하와를 유혹하였다.

"뱀이 여자에게 이르되 너희가 결코 죽지 아니하리라"(창 3:4).

아담이 '아내의 말을 듣고'(창 3:17) 선악과를 먹었다는 것은 사탄이 무슨 말로 하와를 유혹했는지 들었다는 것이다. 아담은 '반드시 죽으리라'는 하나님의 경고와 '결코 죽지 아니하리라'는 사탄의 유혹 사이에서 갈등을 했을 것이다. 그러고도 아담은 하나님의 명령과 경고를 무시하고, 사탄의 유혹을 따라서 행동했다. 이런 아담의 행동에 대해서 하나님께서 죽음을 선포하신 것은 사탄의 말이 틀렸으며, 하나님의 원칙은 결코 흔들림이 없다는 것을 분명히 보여주는 최종적인 선고이다.

하나님의 재판은 두 가지 면에서 중요한 의미를 가지고 있다. 하나는, 사탄을 포함한 모든 피조물들은 여전히 하나님의 다스림 아래에 있다는 것을 분명히 보여준다. 우주 만물 가운데서 하나님의 다스림과 심판에서 제외되는 어떤 존재도 있을 수 없다. 하나님만이 창조세계의 유일한 통치자이다. 이 말은 사탄의 모든 활동도 하나님의 통제 아래에 있다는 것이다. 사탄의 파괴적인 활동도 하나님의 개입에 의해서 확실하게 억제될 수밖에 없다는 것이다.

다른 하나는, 창조세계 가운데서 아담의 역할이 얼마나 중요한지를 보여준다. 하나님께서 재판을 진행하시면서 제일 먼저 아담을 심문하는 것으로 시작해서 아담에게 죽음을 선포하심으로 재판을 마무리하신다. 이것은 죄를 심판하는 과정에서 하나님의 관심은 자신의 대리자로 세움을 받은 아담에게 있다는 것을 보여준다. 아담의 행동은 개인적인 행동으로 자신에게만 영향을 미치는 것이 아니라, 자신에게 맡겨진 모든 피조물들에게도 결정적인 영향을 미친다. 이것은 아담과 다른 모든 피조물들이 개별적으로 존재하는 것이 아니라 상호 유기적인 관계성 속에서 존재한다는 것을 보여준다.

하나님은 아담이 자신의 명령을 어기고 선악과를 먹은 사건의 재판을 통해서 거기에 개입한 모든 당사자들의 잘못을 드러내어 그것에 상응하는 벌을 내리심으로써, 사탄의 반역에도 불구하고 하나님은 여전히 창조세계의 주인이며 통치자라는 사실을 분명히 보여주셨다. 그리고 잘못에 대한 징계와 형벌을 통해서 하나님께 불순종하는 행동은 반드시 심판을 받는다는 사실을 확인시켜 주셨다.

창조 질서에 역행하는 행동을 억제시킴

억제를 위해서 개입하시는 두 번째 유형은 하나님의 뜻과

계획에 역행하는 행동이 성공하지 못하도록 만들어 죄악이 활성화되는 것을 억제하는 것이다. 이 유형에 속하는 대표적인 사건은 창세기 11장에 기록된 바벨탑 사건이다.

홍수 심판 후에 사람들이 번성하면서 그들이 동방으로 옮겨가다가 시날 평지에 터를 잡고 살기 시작했다. 거기서 그들은 제국을 건설하려는 계획을 세우고 큰일을 시작한다.

"또 말하되 자, 성읍과 탑을 건설하여 그 탑 꼭대기를 하늘에 닿게 하여, 우리 이름을 내고, 온 지면에 흩어짐을 면하자 하였더니"(창 11:4).

이 말씀에서 사람들이 성읍과 탑을 건설하려는 동기를 두 가지로 파악할 수 있다. 첫째는 탑 꼭대기를 하늘에 닿게 하여 자기들의 이름을 내는 것이다. 이것은 마음의 근본 동기에 있어서 사탄이 하와에게 불어넣은 유혹과 전혀 다르지 않다. 하나님과 같이 되어서 자기의 영광을 추구하는 것이다.

둘째는 땅에 흩어지는 것을 방지하여 자기들만의 강력한 제국을 건설하는 것이다. 땅에 흩어지지 않고 자기들만의 제국을 건설하는 것은 하나님의 창조 계획에 역행하는 것이다. 하나님은 인간을 창조하실 때, 그들에게 복을 주시고, '생육하고 번성하여 땅에 충만하라'(창 1:28)고 말씀하셨다. 이 명령을 홍수 심판 이후에 다시 한 번 확인시켜 주셨다.

"너희는 생육하고 번성하며, 땅에 가득하여 그 중에서 번성하라 하셨더라"(창 9:7).

그럼에도 불구하고 여러 지역으로 흩어져서 땅을 경작하는 것을 거부하고, 도시에 모여서 자기들의 영광을 추구하기 위해서 강력한 제국을 건설하는 것은 하나님의 계획과 뜻에 정면으로 도전하는 것이다.

아담이 타락한 이후에 인간이 행하는 모든 불순종은 하나님의 말씀에 순종하여 하나님의 영광을 드러내는 것이 아니라, 하나님과 경쟁하여 자신의 영광을 추구하는 동기에서 시작된 것이다. 바벨탑을 쌓은 사람들도 사탄이 주입시킨 불순종의 바이러스에 감염되어서 사탄의 의도대로 하나님께 대적하는 행동을 하고 있다.

하나님의 창조 계획에 정면으로 도전하는 사람들의 계획과 그들의 행동에 대해서 하나님은 어떤 반응을 보이시는가? 하나님의 첫 번째 반응은 바벨탑을 쌓는 현장을 살펴보시는 것이다.

"여호와께서 사람들이 건설하는 그 성읍과 탑을 보려고 내려오셨더라" (창 11:5).

인간이 타락한 이후에도 하나님은 창조세계에서 벌어지는 모든 일들을 주의 깊게 관찰하신다. 바벨탑을 쌓는 행동도 마찬가지이다. 하나님의 관찰 대상에서 제외되지 않는다. 아무리 세상이 죄로 인하여 타락하고 하나님의 뜻에 거역한다고 하더라도 하나님의 관찰과 통제를 벗어나서 일어나는 일은 있을 수 없다. 왜냐하면 타락 이후에도 하나님은 여전히 창조세계의 주인이요, 유일한 통치자이기 때문이다.

하나님의 두 번째 반응은 바벨탑을 쌓는 사람들의 행동을 분석하고 그것이 앞으로 창조세계에 미치게 될 나쁜 영향을 점검하는 것이다.

> "여호와께서 이르시되, 이 무리가 한 족속이요, 언어도 하나이므로 이같이 시작하였으니, 이후로는 그 하고자 하는 일을 막을 수 없으리로다"(창 11:6).

하나님은 이들이 어떻게 이런 일을 계획하고 실행할 수 있었는지를 파악하셨다. 그리고 이런 행동을 그대로 방치하면 죄악의 바이러스에 감염된 불순종의 증상이 걷잡을 수 없이 확산될 소지가 충분하다는 것을 확인하셨다.

하나님의 세 번째 반응은 바벨탑을 쌓는 행동을 중지시키는 것이다. 하나님의 창조세계에 들어온 죄가 지나치게 활성화하여 창조세계 전체를 파괴의 위험에 빠뜨리는 경우를 사전에 방지하기 위해서는 죄가 활성화되지 못하도록 적당한 선에서 억제시키는 것이 반드시 필요하다.

> "자, 우리가 내려가서 거기서 그들의 언어를 혼잡하게 하여, 그들이 서로 알아듣지 못하게 하자 하시고, 8) 여호와께서 거기서 그들을 온 지면에 흩으셨으므로, 그들이 그 도시를 건설하기를 그쳤더라"(창 11:7-8).

하나님은 인간의 언어를 혼란하게 만들어서 서로 의사소통이 불가능하게 만들었다. 그렇게 되니까 수많은 사람이 모여서 힘을 합쳐서 탑을 쌓는 일이 더 이상 진행될 수가 없었다. 그리고 각자

의사소통이 가능한 언어를 따라서 사람들이 흩어지게 되었다.

결과적으로 하나님의 개입은 사람들로 하여금 탑을 높이 쌓아서 하나님을 대적하고 자기들의 영광을 추구하는 일을 포기할 수밖에 없도록 만들었다. 그리고 각자 자기들의 언어를 따라 흩어지게 함으로써, '땅에 가득하여, 그 중에서 번성하라'(창 9:7)고 명령하신 하나님의 뜻이 이루어지도록 만들었다. 하나님은 가장 효과적인 방법으로 인간 역사에 개입하셔서 죄악의 바이러스에 오염된 불순종의 증상이 지나치게 확산되지 못하도록 하셨다.

하나님은 죄가 활성화되어서 자신의 창조세계를 파괴시키는 것을 결코 용납하지 않으신다. 인간의 역사 속에서 죄의 증상이 적정선을 넘어섰다고 판단되면 하나님은 적극적으로 개입하셔서 죄가 확산되는 것을 강력하게 억제시킨다.

집단적인 죄악을 심판하심

억제를 위해서 개입하시는 세 번째 유형은 심판으로 극심한 상태로 확산된 집단적 죄악을 제거하는 것이다. 이 유형에 속하는 대표적인 사건은 창세기 6장부터 시작되는 노아 시대의 홍수 심판과 창세기 19장에 기록된 소돔과 고모라를 불로 심판한 사건이다.

노아 시대에 홍수 심판이 있기 전에 하나님께서 파악하신 세상의 상황을 이렇게 말씀하신다.

> "여호와께서 사람의 죄악이 세상에 가득함과, 그의 마음으로 생각하는 모든 계획이 항상 악할 뿐임을 보시고"(창 6:5).

하나님이 파악하신 세상의 상황은 대단히 비극적이었다. 사람의 죄악이 세상에 가득하게 퍼졌다. 어느 한 군데 성한 곳이 없다는 것이다. 그리고 더 큰 문제는 이런 증상이 개선될 기미가 전혀 보이지 않는다는 것이다. 왜냐하면, 인간이 마음으로 생각하는 모든 것이 항상 악한 것이기 때문에, 그들이 생각하고 계획하고 행동하는 모든 것은 점점 더 악해질 수밖에 없다는 것이다. 간단하게 말하면, 하나님께서 파악하신 세상의 상태는 구제불능이라는 것이다. 이미 죄악이 세상에 가득하게 퍼졌고, 앞으로도 더 악하게 될 수밖에 없는 상황이라는 것이다.

인간의 죄로 인하여 구제불능의 상태로까지 악화된 세상을 바라보시는 하나님의 심정을 성경은 이렇게 표현한다.

> "땅 위에 사람 지으셨음을 한탄하사, 마음에 근심하시고"(창 6:6).

극도로 타락한 세상을 바라보시는 하나님의 심정은 참으로 복잡하다. 인간을 창조하신 것을 슬퍼하시고, 문제 해결을 놓고 고심한 끝에 하나님은 극단적인 처방을 내리신다.

> "이르시되 내가 창조한 사람을 내가 지면에서 쓸어버리되, 사람으로부터 가축과 기는 것과 공중의 새까지 그리하리니, 이는 내가 그것들을 지었음을 한탄함이니라 하시니라"(창 6:7).

하나님이 내리신 처방은 인간을 포함하여 죄로 오염된 땅 위의 모든 동물들을 완전히 제거하는 것이다. 쉽게 설명하면, 전염병에 감염된 가축이 발견된 그 지역의 가축을 살처분하는 것과 같은 끔찍한 결정을 하셨다. 그래서 땅 위에 생존하던 모든 사람들이 홍수로 인하여 멸망당하고 하나님의 은혜를 입은 노아(창 6:8)를 통하여 새로운 역사가 시작되었다. 이것이 흔히 말하는 '노아 홍수 심판'이다. 부분적인 처방으로는 도저히 회복할 수 없다고 판단하신 하나님이 세상의 죄악을 억제시키기 위해서 사용하신 방법은 죄악에 오염된 생명들을 완전히 제거하는 것이었다. 그렇게 해서라도 이 땅에 죄악이 번성하여 창조세계를 파괴시키는 것을 방지하겠다는 하나님의 강력한 의지의 표현이다.

간단히 정리하면, 하나님의 심판은 창조세계에 감염된 죄악이 지나치게 활성화되어 하나님의 창조 계획 자체를 위협하지 못하도록 죄를 억제시키는 여러 가지 행위 중의 하나이다. 아담의 범죄로 인하여 타락한 창조세계를 회복시키기 위한 하나님의 일차적인 개입은 죄가 지나치게 활성화 되지 못하도록 억제시켜서, 창조세계를 보존하는 것이다.

이 부분을 마무리하기 전에, 한 가지 보충설명을 덧붙이는 것이 필요하리라고 생각된다. 창세기 6장을 공부할 때 거의 예외 없이 나오는 질문이 있다. '하나님이 그 성품에 있어서 완전하시고, 영원하시다면, 어떻게 자신이 행하신 일에 대해서 한탄하시고, 근심할 수 있습니까?'라는 질문이다. 이 질문은 성경의 난제 중의 하나임에는 틀림이 없다. 이 질문에 대한 답변을 설명하기 전에,

성경의 모든 의미를 완전히 알 수 있는 사람은 아무도 없다는 사실을 인정할 필요가 있다. 하나님의 엄청난 계시를 경험한 바울 사도도 '크도다 의 비밀이여, 그렇지 않다 하는 이 없도다'(딤전 3:16)라고 고백하였다. 그렇지만 성경의 난제들에 대해서 성경을 근거로 하여 조심스럽게 설명하는 것도 또한 우리들이 할 일이다.

성경의 일관된 선포는 '하나님의 성품은 변함이 없다'는 것이다. 그런데 성경이 하나님과 인간의 관계를 설명할 때는 인간의 상태에 따라서 인간을 대하는 하나님의 태도는 달라질 수 있다는 것이다. 다시 말하면, 하나님께 대한 인간의 변화된 마음이나 태도 때문에 인간을 다루시는 하나님의 방식에 변화가 일어난다는 것이다. 하나님의 성품은 사랑이시고, 항상 거룩하시지만, 인간이 하나님께 대하여 범죄할 때는 죄를 향한 하나님의 거룩한 분노가 표현된다는 것이다.

하나님의 이런 변화를 누가복음 15장에 기록된 탕자의 비유를 예로 들어 설명할 수 있다. 탕자의 비유에서 아버지와 아들의 관계에서 아버지의 변함없는 성품은 아들을 사랑하는 것이다. 어떤 경우에도 아버지는 아들을 사랑한다. 여기에는 조금도 변함이 없다. 아들이 아버지를 거부하고 먼 나라로 떠날 때도, 아들이 아버지의 재산을 다 탕진하고 돼지우리로 쫓겨났을 때도, 아들이 자기의 잘못을 뉘우치고 돌아올 때도, 그 어떤 경우에도 아들에 대한 아버지의 사랑은 변함이 없다. 그렇다고 아들의 상태를 바라보는 아버지의 마음 상태나 태도도 항상 동일하다고 말할 수 있겠는가?

아버지는 아들을 사랑한다. 그렇지만 아버지에게서 재산을 강탈하다시피 하여 먼 나라로 떠나는 아들의 뒷모습을 바라보는 아버지의 마음은 어떻겠는가? 아들이 그 많던 재산을 다 탕진하고 돼지우리로 쫓겨나서 굶어 죽게 되었다는 소식을 들을 때 아들에 대한 아버지의 마음과 감정상태는 어떻겠는가? 자기의 잘못을 뉘우치고 아버지께로 돌아오는 아들을 맞이하는 아버지의 마음은 어떻겠는가? 이 모든 경우에서 아들을 사랑하는 아버지의 마음에는 조금도 변함이 없다.

그러나 아들의 상태에 따라서 그 아들을 대하는 아버지의 태도나 마음 상태는 달라질 수 있다. 때로는 아들의 태도에 대해서 분노하기도 하고, 근심하기도 하고, 탄식하기도 하고, 슬퍼하기도 하고, 기뻐하기도 할 것이다. 아들의 상태에 관계없이 아들을 사랑하는 아버지의 사랑에는 변함이 없지만, 아들을 대하는 태도나 방식은 아들의 상태에 따라서 달라질 수 있다는 것이다. 인간을 대하시는 하나님의 본성과 태도, 특별히 죄인들을 대하시는 하나님의 본성과 태도가 이와 같은 것이라고 설명할 수 있다. 죄인들에 대한 징계와 심판도 자신의 피조물들을 사랑하시는 하나님의 변함없는 성품의 또 다른 표현이다(히 12:7-8).

치료를 위한 부르심

죄가 일정 수준 이상으로 활성화되지 못하도록 억제하기 위해서

개입하시는 하나님의 행동을 '징계'와 '심판'으로 정의할 수 있다면, 타락한 창조세계의 회복을 위한 하나님의 개입은 '부르심'으로 정의할 수 있다. 죄악의 바이러스에 감염되어 영적으로나 육체적으로 질환을 앓고 고통 가운데 있는 사람들을 치료하기 위해서 특별한 관리와 돌보심으로 부르시는 것이다. '징계'와 '심판'으로는 기껏해야 현재의 상태가 더 악화되지 않도록 유지할 수 있을지 모르지만, 타락한 창조세계를 원래의 상태로 회복시킬 수는 없다.

타락한 창조세계를 원래의 상태로 회복시키기 위해서는 하나님의 특별한 돌보심과 은혜가 필요하다. 죄가 더 확산되지 않도록 억제해서 현재의 상태를 유지하는 것도 하나님의 은혜이지만, 치료를 위한 하나님의 특별한 돌보심은 타락한 사람들의 내부적인 변화를 추구하는 것이기 때문에 억제를 위한 은혜와는 전혀 다른 것이다. 이 두 종류의 은혜를 '일반 은총'과 '특별 은총'이라는 개념으로 구분한다. '일반 은총'이 억제와 보존의 특성을 가지고 있다면, '특별 은총'은 회복과 구원의 특성을 가지고 있다.

예를 들면, '일반 은총'과 '특별 은총'의 서로 다른 특성을 이렇게 설명할 수 있다. 알코올이나 마약에 중독되어서 여러 가지 범죄를 저지르고, 사회의 안전을 해치는 사람을 사회로부터 격리시켜서 죄를 억제하고, 사회의 불안 요소를 제거하는 것이 '일반 은총'이라고 한다면, 범죄 행위의 원인이 되는 중독 증상을 완전히 치료하여 사회의 건강한 구성원으로 회복시키는 일련의 과정은 '특별 은총'의 영역에 속한 것이라고 할 수 있다. 이와 마찬가지로, 회복을 위한 부르심과 돌보심은 죄인의 구원을 위한 하나님의 특별 은총에 속한 행위이다.

하나님의 부르심

아담이 선악과를 먹기 이전과 먹은 이후의 행동에는 엄청난 변화가 있음을 발견할 수 있다. 선악과를 먹은 이후에 아담의 행동의 결정적인 변화는 하나님을 두려워하여 에덴동산의 숲 속에 숨은 것이다(창 3:8). 범죄하기 이전에는 아담이 하나님을 두려워할 필요도 없었고, 하나님을 피하여 숨을 이유도 없었다. 범죄한 아담은 스스로 하나님을 피하여 도망치고 있다. '두려움'과 '도피'가 범죄자에게 나타나는 일차적이고 가장 보편적인 변화이다. 아담은 하나님께 범죄하고, 하나님을 피했다.

하나님께 불순종하고 도망친 아담을 하나님은 어떻게 대하시는가? 하나님은 아담의 범죄 행위를 처음부터 다 알고 계셨다. 그리고 아담이 도피하여 숨은 것도 알고 계셨다. 하나님은 아담의 범죄를 모르는 척 하실 수도 있고, 아담이 자신의 잘못을 깨닫고 돌아오기까지 기다리실 수도 있을 것이다. 그러나 하나님은 그렇게 하시지 않으셨다.

"여호와 하나님이 아담을 부르시며, 그에게 이르시되, 네가 어디 있느냐?"(창 3:9).

하나님께서 범죄하여 숨은 아담을 먼저 찾아가셨다. 죄인이 하나님을 찾는 것이 아니라, 하나님이 먼저 죄인을 찾아가신다. 이것은 범죄한 아담을 찾아가시는 것으로 시작하여 성경 전체를 관통하는 하나님의 변함없는 원칙이다. 하나님께서 먼저 죄인을 부르시고, 찾아오신다.

범죄한 아담을 불러서 재판하시고, 징계하시는 과정에서도 하나님은 여자의 후손을 통한 궁극적인 승리를 약속하신다.

"내가 너로 여자와 원수가 되게 하고, 네 후손도 여자의 후손과 원수가 되게 하리니, 여자의 후손은 네 머리를 상하게 할 것이요, 너는 그의 발꿈치를 상하게 할 것이니라"(창 3:15).

이 말씀 속에는 인간의 역사에 대단히 중요한 단서가 몇 가지 들어 있다. 아담과 하와가 하나님께 범죄하고 죽음이라는 형벌을 받게 되지만, 그들의 죽음을 통하여 인간 역사가 끝나는 것이 아니라, 그들을 통해서 계속해서 생명이 이어져 간다는 사실이다. 다시 말하면, 여자의 후손이 이 땅에 생존한다는 것이다. 그리고 여자의 후손을 통해서 사탄의 세력을 무너뜨리는 결정적인 승리가 있을 것을 약속했다는 것이다. 죄의 세력과의 치열한 싸움이 예고되기는 하지만, 그래도 인간의 역사는 무너지지 않고 궁극적인 승리로 완성될 것임을 약속하신 것은 죄인들에게 베푸시는 하나님의 특별한 은혜가 아닐 수 없다.

간단히 정리하면, 하나님의 부르심은 회복을 위한 부르심이다. 범죄한 아담의 부르심도 그러했고, 그 이후에 구약의 역사서나 선지서에 기록된 모든 상황에서도 마찬가지이다. 하나님이 부르시는 일차적인 목적은 벌을 주시기 위한 것이 아니라, 구원하시기 위한 것이다. 하나님께서 먼저 죄인을 부르시고, 찾아오시는 것 자체가 죄인에게는 분에 넘치는 하나님의 특별한 은혜가 아닐 수 없다.

회복에 필요한 은혜를 베푸심

하나님의 금지 명령을 어기고 선악과를 먹은 불순종을 심판하시고 각자의 행동에 상응하는 형벌을 내리신 하나님께서, 제한적이기는 하지만, 구원을 위한 은혜를 베푸신다. 불순종을 심판하는 과정에서 여자의 후손을 통한 승리를 약속하신 하나님께서 그 목표를 이루기까지 필요한 은혜를 베푸신다.

범죄한 아담과 하와를 향한 하나님의 첫 번째 은혜는 그들을 위해서 가죽옷을 지어 입히신 것이다.

"여호와 하나님이 아담과 그의 아내를 위하여 가죽옷을 지어 입히시니라" (창 3:21).

하나님께서 가죽옷을 지어서 아담과 하와의 수치를 가리어 주셨다. 아담과 하와가 불순종한 다음에 가장 먼저 한 그들의 행동은 수치를 가리는 것이었다.

"이에 그들의 눈이 밝아져 자기들이 벗은 줄을 알고 무화과나무 잎을 엮어 치마로 삼았더라"(창 3:7).

아담과 하와가 무화과나무 잎으로 그들의 수치를 가리는 것은 거의 효과가 없는 행동이다. 이에 반해서, 하나님께서 가죽옷을 만들어 그들의 수치를 가리어 주신 것은 반영구적인 조치라고 할 수 있다. 아담과 하와는 하나님의 도우심으로 인해서 그들의 수치를 효과적으로 가릴 수 있게 되었다.

뿐만 아니라, 가죽옷을 지어서 아담과 하와의 수치를 가려주시는 하나님의 행위 속에는 대속의 원리가 내포되어 있다. '대속'이라는 말은 다른 사람의 잘못이나 빚을 해결하기 위해서 그 사람을 대신해서 다른 사람이 값을 지불한다는 의미이다. 죄로 인한 아담과 하와의 수치를 가리기 위해서 가죽옷을 만들었다는 것은 죄 없는 다른 짐승이 죽었다는 것을 의미한다. 죄로 인하여 발생한 아담과 하와의 문제를 해결하기 위해 누군가 대신해서 피를 흘렸다는 것이다.

구약에 기록된 죄 사함의 제도와 원리를 히브리서는 이렇게 간단하게 정리한다.

"율법을 따라 거의 모든 물건이 피로써 정결하게 되나니, 피 흘림이 없은즉 사함이 없느니라"(히 9:22).

이렇게 본다면, 성경에서 말하는 대속의 원리는 하나님께서 아담에게 가죽옷을 지어 입힌 사건에서부터 시작되는 것이다.

범죄한 아담과 하와에게 베푸신 두 번째 특별한 은혜는 그들에게서 생명이 태어나게 하는 것이다. 여자의 후손을 약속하신

것을 구체적으로 실천하는 출발점이다.

"아담이 그의 아내 하와와 동침하매 하와가 임신하여 가인을 낳고 이르되, 내가 여호와로 말미암아 득남하였다 하니라"(창 4:1).

아담은 아들을 낳은 후에 이것이 하나님의 특별한 은혜라는 것을 고백하고 있다. '내가 여호와로 말미암아 득남하였다'라고 고백한다.

하와가 아들을 낳은 것은 앞에서 아담이 그의 아내에게 부여한 특별한 사명을 하나님께서 이루어 주신 것이다.

"아담이 그의 아내의 이름을 하와라 불렀으니, 그는 모든 산 자의 어머니가 됨이더라"(창 3:20).

이것을 역으로 추론하면, 아담은 창세기 3장 15절에서 하나님이 여자의 후손을 약속하실 때, 그 여자가 누구인지를 알았다는 말이 된다. 자기의 아내를 통해서 생명이 탄생하고, 그의 후손을 통해서 사탄의 세력을 파괴하고 결정적으로 승리할 것을 알았다. 그래서 그는 자기 아내의 이름을 '모든 산 자의 어머니'라고 지었다. 아담이 타락하기 전에 각 동물의 이름을 지었듯이(창 2:19), 하나님은 아담이 자기 아내의 이름을 '하와'라고 지은 대로 아들을 주심으로 '산 자의 어머니'가 되게 만들어 주셨다.

하나님은 범죄한 모든 사람을 쓸어버리는 홍수 심판이라는 극단적인 조치를 취하는 과정에서도 하와가 '모든 산 자의 어머니'가 되는 것을 폐기시키지 않으셨다. '여호와께 은혜를 입은'(창 6:8) 노아를 통해서 이 땅에 생명이 출생하고, 번성케 되는 은혜를

유지시켜 주셨다. 그리고 홍수 이후에 노아와 그의 가족들에게
인간을 창조하실 때 아담에게 약속하셨던 그 약속을 다시 한 번
확인시켜 주셨다.

> "하나님이 노아와 그 아들들에게 복을 주시며, 그들에게 이르시되,
> 생육하고 번성하여 땅에 충만하라"(창 9:1).

이와 같이 하나님은 타락한 창조세계를 회복시키기 위해서 형벌과
심판 가운데서도 제한적이기는 하지만, 구원을 위한 특별한 은혜를
베푸셨다.

회복을 위한 대리자를 세우심

타락한 창조세계를 회복시키기 위한 하나님의 계획은 이 땅에서
구원이라는 하나님의 뜻을 수행할 하나님의 대리자를 세우시는
것으로 좀 더 분명하게 구체화된다. 하나님은 아브람을 불러서
하나님이 계획하신 구원 역사를 이루어갈 대리자로 세웠다.

> "여호와께서 아브람에게 이르시되, 너는 너의 고향과 친척과 아버지의
> 집을 떠나 내가 네게 보여줄 땅으로 가라. 2) 내가 너로 큰 민족을
> 이루고 네게 복을 주어 네 이름을 창대하게 하리니, 너는 복이 될지라.
> 3) 너를 축복하는 자에게는 내가 복을 내리고, 너를 저주하는 자에게는
> 내가 저주하리니, 땅의 모든 족속이 너로 말미암아 복을 얻을 것이라
> 하신지라"(창 12:1-3).

하나님께서는 일방적으로 아브람을 부르시고, 그에게 복을
주시고, 구원 역사를 이루어갈 대리자로 세우셨다. 아브람이

하나님의 구원을 이루어갈 대리자로 세움을 받은 것은 전적으로 하나님의 은혜로 된 것이다. 마치 아담이 하나님의 창조세계를 관리하고 경작하는 대리자로 세움을 받은 것과 전혀 다를 바가 없다.

하나님은 아브람을 불러서 구원의 대리자로서의 지위와 역할을 주시고, 필요한 은혜를 주셨다. 아브람에게 복을 주어서 그로 하여금 큰 민족으로 이루게 하시고, 그를 통하여 땅의 모든 족속이 복을 받는 복의 근원이 되게 하겠다고 말씀하셨다. 아브람이 받은 사명은 땅의 모든 족속을 구원하는 구원의 대리자, 구원의 통로가 되는 것이다. 그리고 그 사명을 수행하는 데 필요한 모든 조건은 하나님께서 준비시켜 주시고, 충족시켜 주시겠다고 약속하셨다. 따라서 아브람의 후손을 통해서 이루어질 구원은 전적으로 하나님의 은혜로 이루어지는 것이다.

지금까지 설명한 창세기에 나타난 하나님의 구원 계획을 정리하면 네 가지 원칙으로 정리할 수 있다. 첫째, 하나님께서 먼저 죄인을 찾아오시다. 구원은 죄인의 요청으로 이루어지는 것이 아니라, 하나님의 주도적인 은혜로 이루어지는 것이다.

둘째, 하나님의 구원은 대속의 원리에 의해서 이루어진다. 범죄한 인간이 자신의 죄를 속죄하기 위해서 값을 치르는 것이 아니라, 그들을 위해서 누군가 대신 값을 지불해 주심으로 구원이 이루어진다.

셋째, 하나님의 구원은 하와의 후손을 통해서 이루어진다.

하나님은 아담의 족보를 폐기시키시고 다른 인간을 새롭게 창조해서 구원 역사를 이루는 것이 아니다. 범죄한 하와의 후손을 통해서 구원 역사를 이루신다.

넷째, 하나님은 창조의 대리자를 세우셨듯이, 구원의 대리자를 세워서 하나님께서 계획하신 구원을 이루신다. 궁극적으로 하나님의 구원 계획은 하나님께서 약속하신 여자의 후손을 통해서 완성될 것이다.

하나님이 직접 찾아오심

창세기에서 계시하신 하나님의 구원 계획은 여자의 후손으로 이 땅에 오신 하나님의 아들 예수 그리스도를 통하여 온전한 그림으로 성취된다.

첫째, 하나님이 직접 인간을 찾아 오셨다. 예수님의 탄생을 마태복음에서는 이렇게 기록하고 있다.

> "예수 그리스도의 나심은 이러하니라. 그의 어머니 마리아가 요셉과 약혼하고 동거하기 전에 성령으로 잉태된 것이 나타났더니"(마 1:18).

예수님의 탄생은 성령으로 잉태된 초자연적인 탄생이다. 그리고 예수님의 이름을 통하여 예수님의 신분을 분명하게 계시한다.

> "보라 처녀가 잉태하여 아들을 낳을 것이요, 그의 이름은 임마누엘이라

하리라 하셨으니, 이를 번역한즉 하나님이 우리와 함께 계시다 함이라"(마 1:23).

하나님이 인간의 몸을 입고 역사 가운데로 직접 찾아오신 것이다. 죄인이 하나님을 찾아간 것이 아니라, 하나님이 죄인을 찾아오셨다. 그것도 인간의 모양으로 인간 가운데로 직접 찾아오신 것이다.

둘째, 인간의 구원은 예수 그리스도의 대속의 죽음으로 완성되었다. 창세기 3장 15절은 여자의 후손을 통한 결정적인 승리를 약속하셨다. 그리고 창세기 3장 21절은 대속의 원리에 의한 구원을 계시하셨다. 여자의 후손으로 이 땅에 오신 예수님의 사역은 그의 이름을 통해서 분명하게 계시되었다.

"아들을 낳으리니, 이름을 예수라 하라. 이는 그가 자기 백성을 그들의 죄에서 구원할 자이심이라 하니라"(마 1:21).

죄인들이 구원을 받는 것은 자기들의 노력으로 구원 받는 것이 아니라, 예수 그리스도에 의해서 구원을 받는 것이다. 예수님이 죄인들을 구원하시는 것이다. 죄인들을 구원하는 과정에서 필요한 모든 대가는 예수님이 지불하실 것이다. 따라서 죄인의 구원은 여자의 후손으로 우리 가운데 직접 찾아오신 하나님의 아들 예수 그리스도의 대속의 죽음에 의해서 이루어지는 것이다.

셋째, 구원자로 오신 예수 그리스도는 여자의 후손으로 오셨다. 예수님은 성령으로 잉태된 초자연적인 탄생임에도 불구하고 마리아라는 여자의 몸을 통해서 태어났다(마 1:18). 이런 면에서 예수님은 여자의 후손으로 오신 것이다.

넷째, 예수님은 구원의 대리자로 세움을 받은 아브라함의 후손으로 오셨다. 예수 그리스도의 탄생과 사역을 기록하면서 마태복음은 이렇게 시작한다.

"아브라함과 다윗의 자손 예수 그리스도의 계보라"(마 1:1).

아브라함은 하나님의 전적인 은혜로 구원을 성취할 대리자로 세움을 받았다. 하나님에 의해서 구원의 대리자로 세움을 받은 아브라함을 통해서 구원자가 오시는 것은 하나님께서 계시하신 구원 계획을 이루기 위해서는 당연한 것이다.

예수님은 여자의 후손으로 오신 자신의 사역의 특성을 창세기 3장 15절에 계시된 역사의 투쟁적 진행 과정과 연결해서 이렇게 간략하게 정의하신다.

"도둑이 오는 것은 도둑질하고, 죽이고 멸망시키려는 것뿐이요, 내가 온 것은 양으로 생명을 얻게 하고, 더 풍성히 얻게 하려는 것이라" (요 10:10).

창조세계에 침입한 약탈자 사탄에 의해서 빼앗겼던 우리의 생명을 여자의 후손으로 오신 예수 그리스도가 다시 찾아주시고, 더 풍성한 생명을 누리도록 모든 죄악의 고통 가운데서 치료하셨다.

치유를 위한 점검과 기도

1. 사탄의 파괴적 공격으로 하나님의 아름다운 창조 세계가 회복 불가능한 상태로 파괴될지도 모르는 심각한 위기에서 하나님께서 취하신 행동은 무엇입니까? 크게 두 가지 방향으로 정리해 봅시다.

2. 창조 세계에 들어온 죄악이 번성하게 되는 것은 억제시키는 하나님의 개입을 세 가지 유형으로 정리해 봅시다.

3. 하나님은 창조 세계에 들어온 죄악을 억제시키시지만, 동시에 죄로 인해서 타락한 창조 세계를 원래 상태로 회복시키시는 활동도 하십니다. 회복을 위한 하나님의 활동을 세 가지 유형으로 정리해 봅시다.

치유를 위한 점검과 기도

4. 창세기에서 약속하신 하나님의 구원 계획과 예수 그리스도를 통해서 성취된 구원이 어떻게 비교될 수 있는지 정리해 봅시다.

5. 창세기에서부터 보여주신 구원의 근본원칙은 '죄인이 하나님을 찾는 것이 아니라, 하나님께서 먼저 죄인을 찾아오신다'는 것입니다. 우리의 불순종에도 불구하고 지속적으로 부르시고, 찾아오시는 하나님을 피하여 숨은 일은 없는지 점검해 봅시다. 그리고 하나님과 친밀한 관계의 회복과 유지를 위해서 기도합시다.

Chapter Five

5
상처받은 자신을 위로하라

자신의 상처를 진단하라

야곱이 경험한 상처
 - 모태에서 경험한 거절감
 - 가정에서 받은 거절감
 - 삶의 현장에서 받은 거절감

야곱이 가족들에게 준 상처
 - 아내들에게 준 거절감
 - 자식들에게 준 거절감

분노로 폭발한 아들들의 상처

상처는 암호화된 거짓 믿음으로 마음에 기억된다

치유되지 않은 상처가 유발하는 증상들

상처받은 자신을 위로하라

5

　　하나님은 세계를 아름답고 선하게 창조하셨다. 하나님의 창조세계를 파괴하기 위하여 침략한 사탄은 불순종이라는 죄악의 바이러스를 감염시키면서 선하신 창조세계를 약탈하고, 죽이는 파괴적인 행동으로 휘젓고 다녔다. 하나님은 자신의 창조세계가 파괴되는 것을 막기 위해 창조세계 안에서 활동하는 사탄의 세력을 억제시킬 뿐만 아니라, 타락한 세계를 회복하기 위해서 적극적으로 개입하신다. 여자의 후손을 약속하시고, 그를 통한 창조세계의 완전한 회복을 계획하시고, 실행하신다. 이것이 현재 우리가 살아가고 있는 세상의 영적 구도이다.

　　인간의 역사는 아담의 타락과 예수 그리스도에 의한 구원의 완성 사이에서 진행되고 있다. 여자의 후손으로 오신 예수님이 십자가에서 죽으시고 부활하심으로 하나님께서 약속하신 구원이 인간 역사 가운데서 구체적으로 실행되었다. 그러나 예수 그리스도에 의한 구원은 예수님께서 재림하실 때 완성될 것이다.

우리 가운데 이미 구원은 시작되었지만, 아직까지 완성되지는 않았다. 구원의 시작과 완성 사이의 역사는 여전히 죄악과의 투쟁적 싸움이 진행되고 있다. 다시 말하면, 예수 그리스도를 통하여 구원을 받은 사람들이라 하더라도 이 땅에 사는 동안은 여전히 죄악의 유혹과 공격에 노출되어 있다. 구원받은 사람들도 여전히 전쟁터에서 살고 있다는 것이다.

전쟁터에서 살아가는 사람들에게 상처가 없을 수는 없다. 상처를 예방하는 것도 중요하지만, 더 중요한 것은 불가피하게 발생할 수밖에 없는 상처를 치유하고 회복하는 것이다. 경험적으로 보더라도 이 세상에 상처 없는 사람은 없다. 그러나 이런 저런 이유로 받은 상처의 고통을 안고 살아가는 것과 상처를 치유하여 그 고통에서 빨리 벗어나는 것은 하늘과 땅 차이만큼이나 다른 것이다.

지금도 사탄의 지속적인 유혹과 공격은 계속되지만 하나님께서 예수 그리스도를 통하여 우리 안에 성령의 면역 체계를 심어주셨다. 우리는 성령 안에서 사탄의 유혹과 공격으로부터 안전을 지킬 수 있다. 예를 들어 설명하면, 우리는 호흡하고, 만지고, 먹고 마시는 것을 통해서 수많은 종류의 질병을 옮기는 병균과 바이러스에 접촉하게 된다. 그렇다고 병균과 바이러스에 접촉될 때마다 질병에 걸리는 것은 아니다. 우리 몸 안에 있는 면역체계가 건강하게 작동하면 바이러스의 침입이 있어도 질병에 걸리지 않고 건강을 유지할 수 있다.

우리를 파괴시키려는 사탄의 공격은 지속적으로 계속되지만,

하나님께서 우리 안에 심어주신 성령의 면역체계도 끊임없이 작동한다. 사탄의 끊임없는 공격에도 불구하고 우리는 성령 안에서 상처를 치료하고 넉넉히 극복할 수 있다.

자신의 상처를 진단하라

상처를 치료하기 위해서는 무엇보다도 먼저 우리 안에 있는 상처가 무엇인지를 파악해야 한다. 상처가 무엇인지 알아야 그 상처를 치료할 수 있다. 자신의 상처가 무엇인지를 파악하기 위해서는 그것을 비추어 볼 수 있는 거울이 필요하다. 물론 거울이 없이도 자신의 상처를 알 수 있는 경우가 있다. 자신에게 지속적으로 고통을 주는 상처는 그것을 파악하기 위한 다른 어떤 노력이 없어도 쉽게 알 수 있다. 지속적인 고통을 통해서 자신이 가지고 있는 상처를 안다는 것은 너무 늦은 감이 없지 않다. 상처가 고통을 주기 전에 먼저 그 상처를 발견해서 치료하는 것이 효과적이다. 예를 들면, 고통이라는 증상이 나타난 후에 질병을 인지하고 치료하는 것이 아니라, 증상이 나타나기 전에 질병을 조기에 발견해서 치료하는 것이다. 그러기 위해서는 정기적인 건강검진이 필요하듯이, 우리의 상처도 고통을 경험하기 전에 조기에 진단해서 치료하는 것이 필요하다.

자신이 스스로 인지하지 못하고 속에 감추어진 상처를 드러내어서 깨닫게 하는 것은 우리 안에 내주하시는 성령이 하시는 일이다. 우리는 우리의 마음을 다 감찰할 수 없다. 우리의 마음을 감찰하시는 분은 하나님이시다: '사람의 행위가 자기 보기에는 모두 정직하여도, 여호와는 마음을 감찰하시느니라'(잠 21:2). 성령이 우리 안에 오시면, 우리 안에 있는 모든 상처와 죄악들을 드러내시고, 깨닫게 하신다: '오직 하나님이 성령으로 이것을 우리에게 보이셨으니, 성령은 모든 것, 곧 하나님의 깊은 것까지도 통달하시느니라'(고전 2:10). 성령은 말씀의 거울을 통하여 우리의 마음속에 감추어진 것들을 드러내서 보여주시고, 깨닫게 하신다.

성경 전체가 우리의 마음과 영혼을 비추는 거울이지만, 생각의 초점을 집중하기 위해서 창세기에서 일어난 사건들을 거울로 삼아서 우리 안에 감추어진 상처들이 어떤 것인지를 비추어 보고자 한다.

창세기에 기록된 아브라함의 역사를 통해서 하나님의 구원 계획은 역사 속에서 구체적으로 실행된다. 아브라함은 하나님의 부르심을 받고, 하나님의 특별한 보호와 인도하심 가운데서 살아가지만, 그에게도 다른 사람들이 경험할 수 있는 모든 상처와 아픔이 있었다. 어쩌면 하나님의 선택을 받았기 때문에 다른 사람들이 경험하지 못했던 더 많은 상처와 아픔을 경험했을 수도 있다.

선택 받은 아브라함의 가정에도 인간으로서 감당하기 쉽지 않은 상처와 아픔이 있었지만, 그의 손자인 야곱에 이르러서는 그 정도가 훨씬 더 심각하고 복잡해진다. 다시 말하면, 야곱의 가정은 인간이 경험할 수 있는 모든 상처와 아픔을 품고 있는 문제의 백화점이라고 말할 수 있다. 그래서 야곱의 가정에서 발생했던 여러 가지 아픔과 상처를 되짚어 보면서, 우리 안에 있는 상처를 살펴보고자 한다. 우리 안에 거주하시는 성령께서 야곱의 가정이라는 거울에 우리의 마음을 비추어서 우리 안에 있는 상처를 드러내고 보여 주시기를 소원한다.

야곱이 경험한 상처

야곱이 경험한 모든 상처의 뿌리를 찾아낸다면 그것은 '거절감'이다. 야곱이 경험한 '거절감'은 자기 스스로를 고통스럽게 만드는 아픔일 뿐만 아니라, 다른 사람들을 아프게 찌르는 가시 역할을 하였다.

'거절감'은 야곱만이 경험한 특별한 것이 아니었다. 어쩌면 '거절감'은 타락한 인간이 공통적으로 경험할 수밖에 없는 원초적인 고통과 상처라고 말할 수 있다. '거절감'의 뿌리를 거슬러 올라가면, 아담에게까지 올라간다. 아담은 하나님께 범죄하고 난 후에 에덴에서 쫓겨나는 비극적인 거절감을 경험하였다.

"이같이 하나님이 그 사람을 쫓아내시고, 에덴동산 동쪽에 그룹들과 두루 도는 불 칼을 두어 생명나무의 길을 지키게 하시니라"(창 3:24).

이 말씀은 아담이 하나님께 범죄한 후에 경험한 거절감의 절정이다. 그 이전에 심판을 받는 과정에서 아담은 자신이 한 행동에 대해서 하나님으로부터 엄청난 질책과 징계를 받았다. 이 모든 과정에서 아담은 자신의 행동이 하나님으로부터 인정을 받지 못하고 거절당하는 아픔과 상처를 경험할 수밖에 없었다.

아담이 경험한 거절감은 따지고 보면 자신이 먼저 하나님을 거절한 데서부터 시작된 것이다. 하나님께서 아담을 거절한 것이 아니라, 아담이 먼저 하나님을 거절했다. 아담은 하나님께서 금지하신 선악과를 먹음으로써 하나님을 거절하고, 명령에 불순종했다. 그리고 그 후에도 아담은 하나님의 낯을 피하여 에덴동산 숲 속에 숨었다(창 3:8). 여기서 분명히 알 수 있는 것은 하나님께서 아담을 거절하기 전에 아담이 먼저 하나님을 거절했다는 것이다. 오히려 하나님은 자신을 거절하고 도망치는 아담을 찾아오셨다(창 3:9).

우리의 상처를 치유하기 위해서 분명히 기억해야 할 한 가지 원칙이 있다. '하나님은 우리를 거절하지 않으신다'는 사실이다. 하나님의 선하신 창조세계에는 '거절'이라는 행동이 없었다. 창세기 1장에 기록된 창조의 사건에서 모든 피조물들은 하나님의 부르심에 전적으로 순종하여 그대로 존재하게 되었다. 그래서 계속적으로 반복되는 표현이 '그대로 되니라'이다. 이 말은 피조물들이 하나님의 명령에 거절하지 않고 전적으로 순종하였다는 것이다.

창조 이후에 진행되는 사건에서도 '거절'을 찾아볼 수가 없다.

"하나님이 지으신 그 모든 것을 보시니, 보시기에 심히 좋았더라"
(창 1:31).

"여호와 하나님이 흙으로 각종 들짐승과 공중의 각종 새를 지으시고, 아담이 무엇이라고 부르나 보시려고 그것들을 그에게로 이끌어 가시니, 아담이 각 생물을 부르는 것이 곧 그 이름이 되었더라"(창 2:19).

"아담이 이르되, 이는 내 뼈 중의 뼈요, 살 중의 살이라. 이것을 남자에게서 취하였은즉, 여자라 부르리라 하니라. 24) 이러므로 남자가 부모를 떠나 그의 아내와 합하여 둘이 한 몸을 이룰지로다. 25) 아담과 그의 아내 두 사람이 벌거벗었으나 부끄러워하지 아니하니라"
(창 2:23-25).

위 구절들에서 '거절'이라는 행동을 발견할 수 있는가? 창조자 하나님과 피조물들 사이에 어떤 형태의 거절감도 존재하지 않았다. 전적으로 수용하고 인정하였다. 하나님과 아담 사이에서도 마찬가지였다. 하나님께서 동물들을 아담에게로 인도하셔서, 아담은 그것들의 이름을 지었고, 하나님은 아담의 행동을 전적으로 인정하고 수용하였다. 인간과 인간 사이에서도 마찬가지였다. 남자와 여자 사이에도 전적인 인정과 수용이 있었으며, 서로 기뻐하고 즐거워하였다.

'거절'은 하와와 아담이 사탄의 유혹을 받아서 하나님의 명령에 불순종하면서 시작되었다. 간단히 말하면, 우리가 경험하는 모든 '거절감'의 뿌리는 아담의 범죄로부터 시작된 것이다. 아담의 범죄는 하나님을 거절함으로부터 시작되었고, 그 결과로 아담은 하나님으로부터 거절당하는 엄청난 고통과 아픔을 경험하게 되었다. 더 나쁜 것은 인간이 먼저 하나님을 거절했음에도 불구하고, 타락한 인간은 자신이 하나님으로부터 거절당한다고 착각하면서 살아간다는 사실이다.

여기서 우리가 다시 한 번 확인할 것은 하나님은 우리를 거절하지 않으신다는 사실이다. 오히려 하나님은 자신을 거절하고 도망치는 인간을 찾아오신다. 이 사실을 분명히 인식하는 데서부터 우리의 상처는 치유의 단계로 접어들 수 있다.

아담의 타락에서 시작된 '거절감'이 인간관계와 삶의 현장에서 얼마나 큰 상처와 아픔으로 작용하는지는 야곱의 가정을 들여다보면 쉽게 알 수 있다. 야곱의 상처를 들여다보면서, 야곱이라는 거울에 우리들의 내면에 숨겨진 상처도 함께 드러나서 비춰지기를 기대한다.

모태에서 경험한 거절감

야곱이 경험한 거절감으로 인한 상처는 그의 어머니의 태중에서부터 시작되었다. 그의 어머니 리브가가 임신하지 못하여 하나님께 간구하였더니 하나님께서 그의 기도를 들으시고 쌍둥이를 임신하게 하였다. 리브가가 임신한 쌍둥이는 태중에서부터 치열하게 경쟁하고 싸웠다.

"그 아들들이 그의 태속에서 서로 싸우는지라. 그가 이르되 이럴 경우에는 내가 어찌할꼬 하고, 가서 여호와께 묻자온대"(창 25:22).

태아들의 싸움이 얼마나 치열했던지 산모가 하나님께 나아가서 물을 정도로 심각했다.

치열한 경쟁과 투쟁은 어느 한쪽에는 심각한 패배와 상처를 안겨줄 수밖에 없는 구조이다. 인간이 경험하는 '거절감'은 대부분 치열한 경쟁과 투쟁에서 시작된다. 아담이 경험한 인간 최초의 거절감도 마찬가지였다. 아담은 '하나님과 같이 되려고'(창 3:5) 하나님과 경쟁하고 하나님을 거절하였다. 그러나 그는 하나님과의 경쟁에서 이기지 못하고 오히려 형벌을 받고 에덴에서 쫓겨나게 되었다. 아담이 하나님과 경쟁을 시작하였지만, 어쨌든 그는 하나님과의 경쟁에서 패배하였고, 그 결과 고통스런 징계를 받고, 결국에는 에덴에서 쫓겨나는 심각한 '거절감'을 경험하게 되었다.

　　야곱이 던져진 태중의 상황은 심각한 패배와 '거절감'을 피할 수 없는 상황이었다. 그 경쟁과 투쟁이 얼마나 끈질기고 치열한 것이었는지는 쌍둥이가 태어나는 순간의 모습을 기록한 말씀이 생생하게 설명하고 있다.

"먼저 나온 자는 붉고 전신이 털옷 같아서 이름을 에서라 하였고,
26) 후에 나온 아우는 손으로 에서의 발꿈치를 잡았으므로 그 이름을 야곱이라 하였으며"(창 25:25-26).

'후에 나온 아우는 손으로 에서의 발꿈치를 잡았으므로'라는 표현이 경쟁에서 패배한 야곱의 안타까움과 아픔을 잘 표현하고 있다.

　　야곱이 형을 이기지 못하고 나중에 태어나는 것이 얼마나 안타까웠으면 형의 발꿈치를 잡고 나왔을까? 몇 년 전에 교회 체육대회에서 어린 아이들이 달리기하던 장면을 잊을 수가 없다. 유치원에 다니는 아이들 5-6명이 한 조가 되어서 달리기를 하였다.

그들의 경쟁이 얼마나 치열했던지 결승선에 도달할 때까지 거의 비슷하게 달렸다. 그런데 결승선을 통과할 때 간발의 차이로 뒤로 쳐진 아이가 얼마나 안타까웠던지 앞선 아이의 옷을 잡아당기면서 결승선을 통과하였다. 그 광경을 보면서 한편으로는 그 아이의 심정을 이해할 수 있었으며, 한편으로는 태어날 때 형의 발꿈치를 잡고 나오는 야곱의 모습이 떠올랐다.

야곱은 세상에 첫 발을 내디디면서 처절한 패배와 거절감을 경험하며 그의 인생을 시작하였다. 더 나쁜 것은 부모들조차도 그의 패배를 인정하고 확인시켜 주었다는 것이다.

"후에 나온 아우는 손으로 에서의 발꿈치를 잡았으므로, 그 이름을 야곱이라 하였으며, 리브가가 그들을 낳을 때에 이삭이 육십 세였더라"(창 25:26).

야곱이라는 이름은 '속이는 자' '패배자'라는 의미를 가지고 있다. 이렇게 해서 야곱은 자타가 인정하는 패배자가 되었다. 이 패배감이 앞으로 그의 인생에 어떤 영향을 미칠지를 짐작하는 것은 그렇게 어렵지 않을 것이다.

그런데 야곱의 탄생 과정에서 우리가 놓쳐서는 안 될 중요한 사실이 있다. 정말로 야곱은 형과의 경쟁에서 짐으로써 패배자가 되었는가? 야곱은 인생의 첫 출발을 패배의 상처로 시작할 수밖에 없었는가? 결코 그렇지 않다는 사실이다. 하나님은 늦게 태어난 야곱을 패배자라고 말씀하시지 않았다.

"여호와께서 그에게 이르시되, 두 국민이 네 태중에 있구나. 두 민족이 네 복중에서부터 나누이리라. 이 족속이 저 족속보다 강하겠고, 큰 자가 어린 자를 섬기리라 하셨더라"(창 25:23).

이 말씀은 리브가의 태중에 있는 두 아이의 장래에 대한 하나님의 말씀이다. 쌍둥이로 잉태된 두 아이가 생육하고 번성하여 두 민족이 형성될 것이라는 축복의 말씀임에 틀림이 없다.

동시에 하나님의 말씀은 두 민족이 살아가는 상호 관계성을 말씀하신다. '큰 자가 어린 자를 섬기리라'는 말씀을 투쟁적 경쟁 구도에서 보아서 하나는 승자이고, 하나는 패배자라는 이분법적 구도로 볼 이유가 없다. 청지기적 관점에서 보면, 큰 자가 어린 자를 섬기는 것은 자연스런 현상이다. 그럼에도 불구하고 타락한 인간은 모든 것을 투쟁적 경쟁 관계에서 이분법적으로 생각하려는 속성을 아담으로부터 물려받았다. 이것을 하나님의 관점에서 보면, '그의 마음으로 생각하는 모든 계획이 항상 악할 뿐'(창 6:5)이라는 인간의 모습이 구체적으로 드러난 것일 뿐이다. 인간의 관점이 타락했기 때문에, 그의 마음으로 생각하고 계획하는 모든 것이 타락할 수밖에 없다.

복잡한 생각을 접어두고 단순하게 질문해 보자. 에서와 야곱의 출생 사건에서 누가 패배자인가? 리브가의 태중에 있던 쌍둥이가 서로 먼저 나오려고 경쟁을 한 것은 부정할 수 없는 사실이다. 이 경쟁에서 에서가 먼저 나오고, 야곱은 안타깝게도 뒤에 나왔다. 너무나도 안타까운 나머지 에서의 발꿈치를 잡고 나왔다. 출생의 현상적 사건만 놓고 보면, 치열한 경쟁에서 이기고 먼저 나온 에서가 승자이고, 힘에 밀려서 뒤에 나온 야곱이 패배자인 것처럼 보인다. 그런데 그 이전에 하나님의 약속은 먼저 나온 자가 '어린 자를 섬기리라'고 말씀하셨다. 출생의 사건과 하나님의 약속을 모두 경쟁적 구도에서 본다면, 에서는 출생의 과정에서는 야곱을 이기고 먼저 나왔지만, 그는 뒤에 나온 야곱을 섬기면서 살아야 한다. 먼저 나오는 것이 승리라고 생각하고 경쟁에서 이겼는데, 결과는 그것이 결코 승리한 것이 아니라는 것이다. 야곱은 졌다고 생각했는데, 하나님의 계획에서 보면 결코 진 것이 아니다.

에서와 야곱의 출생 사건을, 투쟁적 경쟁관계에서 이해하고 설명한다 하더라도, 에서와 야곱의 경쟁에서 먼저 출생한 것은 제비를 먼저 뽑을 수 있는 선택권을 가진 것에 불과하다. 제비를 먼저 뽑는다고 반드시 승리하리라는 보장이 있는가? 에서가 먼저 나와서 제비를 뽑았지만, 그가 뽑은 제비는 어린 자를 섬기는 것이었다. 야곱은 경쟁에서 밀려서 뒤에 나와서 남은 하나의 제비를 가지게 되었지만, 그것은 먼저 나온 자의 섬김을 받는 것이었다. 여기서 패배자는 누구인가? 출생의 사건과 하나님의 계획을 종합적으로 고려해서 판단할 때 누가 패배자인가? 분명히 말할 수 있는 것은 어느 모로 보나 뒤에 나온 야곱이 결코 패배자가 아니라는 사실이다.

인생의 전체 구도를 보면 야곱은 결코 패배자가 아님에도 불구하고, 자기 눈앞에 벌어진 상황만 보면서 자신은 패배자라고 잘못 판단하고, 단정적으로 그렇게 믿어버린 것이다. 여기에 더해서 그의 부모들도 하나님의 뜻을 무시하고, 자기들에게 보이는 대로 판단해서 '야곱'이라는 이름을 붙여줌으로써 야곱의 패배를 공식적으로 승인해 버렸다. 하나님은 결코 야곱에게 패배자라고 말씀한 적이 없는데, 야곱은 자신과 부모들에 의해서 패배자로 낙인이 찍혀 버렸다. 이런 이유로 야곱은 출생 과정에서부터 형에게 패배하고 거절당한 아픈 기억을 가지고 태어났다.

야곱이 출생과정에서 경험한 패배의 아픈 기억은 그의 세포에 기억되어 그가 인생을 살아가는 동안 끊임없이 그를 괴롭히고 다른 사람을 괴롭히는 파괴적인 힘으로 작용하였다. 야곱은 자신을 향한 하나님의 큰 계획은 기억하지도 못하고, 자기에게 기억된 패배의 아픈 상처만 가지고 살아가게 될 것이다. 결과적으로 보면, 야곱은 자신과 부모들에 의해서 잘못 입력된 '자아상'과 '존재감' 때문에 쓸데없는 아픔과 상처를 자기의 운명인 것처럼 생각하고 고통 가운데서 살게 될 것이다. 하나님의 계획을 생각했다면, 쓸데없는 상처로 인하여 쓸데없는 고통의 인생을 살지는 않았을 것이다. 너무나 허탈한 결과이기는 하지만, 이것 또한 사탄이 인간에게 뿌려놓은 죄악의 파괴적인 열매들이다.

사탄은 인간으로 하여금 하나님과 경쟁하도록 충동질하였고, 인간은 하나님과의 경쟁에서 패배하고 거절당한 아픈 기억을 가지게 되었다. 그 기억은 아담 이후의 모든 후손들에게 유전되었다. 아담 이후에 타락한 모든 사람들은 하나님의 계획보다는 사탄이 심어 놓은 투쟁적 경쟁 구도에서 모든 것을 생각하고 판단하고 행동함으로써 서로에게 상처를 주고받으면서 고통 가운데 살아가고 있다. 이런 현상은 죄로 오염된 세상에서 살아가는 우리 모두가 힘들어하고 고통스러워하는 삶의 현실이다.

잘못된 생각과 거짓 믿음으로 자기 스스로 쓸데없는 아픔과 상처를 만들어서 인생을 힘들게 살아가는 경우가 비단 야곱뿐이겠는가? 이 세상에는 이런 현상이 얼마나 많은가? 성도들의 이런 저런 아픔과 상처들을 들으면서 내 나름대로 내린 결론이 있다: '상처를 준 사람은 없는데, 상처 받은 사람은 수도 없이 많구나!' 누구누구의 말에 상처를 받았고, 누구누구의 행동에 상처를 받았다고 말하는 사람들은 많다. 그런데 그 반대의 사람들의 이야기를 들어보면, 자신은 결코 상처 줄 만한 말과 행동을 하지 않았다는 것이다. 그럴 의도도 전혀 없었고, 그런 사실 조차도 기억할 수 없다고 말한다. 도대체 어떻게 된 일인가? 상처를 준 사람은 없는데, 상처를 받은 사람은 많다. 이것은 비단 성도들에게만 적용되는 것이 아니다. 나 자신에게도 동일하게 적용된다. 나도 어릴 때부터 다른 사람들에게 상처 받은 것을 기억한다면 상처가 결코 적지 않다. 그러나 나에게 상처를 주었다고 생각하는 사람들을 찾아가서, '예전에 왜 그런 일로 나에게 상처를 주었느냐?'고 묻는다면, 그들은 무엇이라고 대답하겠는가? '그런 일을 기억도 못한다'고 대답할 것이 확실하다. 결과적으로 나에게 상처 준 사람은 없는데, 나 혼자 쓸데없이 상처를 받은 것이다.

간단히 정리하면, 사람들과의 관계에서 상처 받을 일도

아닌데, 스스로 상처 받는 경우가 너무나 많다는 것이다. 조금만 더 소통하고, 서로의 마음을 이해하려고 노력한다면 대부분의 상처는 예방할 수 있다는 것이다. 상처를 치유하기 전에, 상처를 예방할 수 있다면, 그것은 더 좋은 일이다. '상처를 예방할 수 있다'는 말을 달리 표현하면, 상처 받을 수 있는 상황에서 조금만 더 마음을 열고 노력한다면, 그 상처를 즉석에서 치료하고 해결할 수 있다는 말이다. 상처가 될 만한 오해를 즉석에서 풀어버리면 그것은 상처로 남을 이유가 없다. 그런데 그 오해를 풀지 못하고 넘어가면 그것이 마음에 상처로 남게 되는 것이다.

인간관계에서 상처가 발생했다고 느끼는 순간, 그 상처가 마음에 상처로 자리 잡기 전에 즉석에서 해결하고 넘어가는 것이 가장 효과적인 치유 방법이다. 우리는 야곱이 상처 받을 이유가 전혀 없는 상황이었음에도 불구하고, 타락한 인간의 마음에 내재되어 있는 잘못된 믿음으로 인하여 성장 과정에서 그를 지속적으로 괴롭히는 심각한 상처가 되었다는 사실에 주의할 필요가 있다.

여기서 우리는 내적 치유의 중요한 원칙을 하나 발견할 수 있다. 우리를 향하신 하나님의 계획을 깨닫고, 하나님에 대한 올바른 믿음을 가져야 한다. 하나님이 주신 올바른 믿음으로 하나님과 인간관계에 대한 잘못된 믿음을 교정하고, 우리 안에 내재되어 있는 파괴적인 세포 기억들을 하나씩 지워나가야 한다는 것이다.

가정에서 받은 거절감

야곱이 출생 과정에서 경험한 패배와 거절감으로 생긴 그의 영혼과 육체 가운데 내재된 아픈 상처는 성장 과정에서 완화된 것이 아니라, 오히려 더 악화되었다. 야곱은 아들들에 대한 축복권을 가진 아버지의 인정과 사랑을 받는 데 있어서도 에서와의 경쟁에서 패배하였다.

"이삭은 에서가 사냥한 고기를 좋아하므로 그를 사랑하고, 리브가는 야곱을 사랑하였더라"(창 25:28).

에서는 아버지를 즐겁게 해 줄 좋은 재능과 능력을 가지고 있었다. 그러나 야곱은 그렇지 못했다.

야곱은 에서를 사랑하고 즐거워하는 아버지의 모습을 보면서 점점 더 큰 패배감과 거절감을 경험할 수밖에 없었을 것이다. 야곱은 아버지 이삭의 사랑에서 제외된 존재였다. 아버지의 편애가 자식들에게 얼마나 아픈 상처가 되는지를 설명할 필요가 없을 것이다. 더욱이 쌍둥이로 태어난 아이들에게는 더욱더 예민한 문제일 수밖에 없다.

아버지의 사랑에서 제외된 야곱의 거절감은 에서에게 빼앗긴 장자권에 대한 더 강한 집착으로 나타난다. 출생 경쟁에서 패배함으로 인하여 형에게 빼앗긴 장자권을 획득하기 위해서 노력하지만, 그 가능성은 점점 더 멀어지고 있다. 왜냐하면 축복권을 가진 아버지의 사랑을 받는 일에도 형인 에서에게 지고 말았기 때문이다. 그럼에도 불구하고 야곱은 자신의 패배를 수용하지 않고, 에서의 장자권을 획득하려는 의지와 노력을 결코 포기하지 않았다.

> "야곱이 죽을 쑤었더니 에서가 들에서 돌아와서 심히 피곤하여, 30) 야곱에게 이르되 내가 피곤하니, 그 붉은 것을 내가 먹게 하라 한지라. 그러므로 에서의 별명은 에돔이더라. 31) 야곱이 이르되 형의 장자의 명분을 오늘 내게 팔라"(창 25:29-31).

야곱은 에서의 약점을 이용하여 장자권을 획득하려고 시도한다. 여기서 보여준 야곱의 행동은 가족이라고 말하기에는 너무나 야박하지 않은가? 형이 피곤하고 배가 고프면 없는 음식을 만들어서라도 먹게 하는 것이 형제간의 사랑일 것이다. 그런데 야곱은 배가 고픈 형에게 죽 냄새를 피워가면서 형의 욕구를 자극하여 자기의 이득을 챙기려는 너무나 야비한 모습을 보여 주고 있다. 객관적인 관점에서 설명한다면, 아버지로부터의 거절감이 야곱으로 하여금 더욱 폐쇄적인 자아상을 형성하게 만들었다. 야곱에게는 다른 사람에 대한 배려와 공감 같은 것은 기대할 수도 없었다. 그에게는 오로지 경쟁과 손익에 대한 계산 밖에 없었다.

장자의 축복에 대한 야곱의 집착은 급기야 아버지를 속이는 악행으로까지 발전한다. 나이가 많아서 눈이 어두워지고 기력이 약해진 이삭은 맏아들 에서에게 사냥을 해서 자신이 즐기는 별미를 만들어 오라고 말하면서, 그것을 먹고 마음껏 축복하겠다고 약속한다. 에서는 아버지의 부탁을 받고 기대에 부풀어서 사냥을 하러 들로 나갔다. 그 사이에 야곱은 어머니 리브가와 공모하여 아버지를 속이고 장자의 축복을 가로채고 말았다.

"야곱이 아버지에게 대답하되, 나는 아버지의 맏아들 에서로소이다. 아버지께서 내게 명하신 대로 내가 하였사오니, 원하건대 일어나 앉아서 내가 사냥한 고기를 잡수시고 아버지 마음껏 내게 축복하소서!" (창 27:19).

야곱은 적극적으로 아버지를 속였다. 아버지의 질문에 야곱이 답변한 내용은 모두가 거짓말이었다. 자신이 아버지의 맏아들 에서라는 말도 거짓이었으며, 아버지가 명령한 대로 사냥을 해서 별미를 만들어 왔다는 말도 거짓이었다. 야곱은 형 에서와의 경쟁에서 패배하고 잃어버린 아버지의 축복을 받기 위해서라면 수단과 방법을 가리지 않았다.

아버지의 축복을 받기 위한 야곱의 악행을 역으로 생각해 보면, 그가 받은 상처가 그의 삶 속에서 자신과 다른 사람들에게 얼마나 파괴적인 힘으로 작용하는지를 보여주는 중요한 사건이다. 야곱의 성장 과정을 통해 가정에서 아버지로부터 경험한 상처는 가족들이 사랑으로 서로 도우며 보살펴주는 아름다운 공동체가 되어야 할 가정을 오로지 경쟁과 이해득실에 대한 계산과 속임수가 난무하는 범죄 집단으로 만들어버렸다. 야곱의 속임수로 인해서 이삭의 가족은 모두가 패배자가 되었고, 가족들이 생이별하는 고통을 경험하게 되었다. 물론 아들의 상처를 파악해서 위로하지 못하고 오히려 에서를 편애함으로써 야곱의 상처를 더 악화시킨 아버지 이삭도 가정 해체의 책임에서 결코 자유로울 수 없다.

삶의 현장에서 받은 거절감

야곱은 아버지를 속이고 에서가 받을 축복을 가로챈 사건으로 인하여 에서의 분노를 사게 되었다. 에서의 분노를 피해서 그의 외삼촌 집으로 잠시 도피하기 위해서 떠났지만 거기서 20년이란 세월을 보내게 된다. 그 사이에 그의 어머니 리브가는 이 세상을 떠났다. 일시적인 도피라고 생각했는데 그렇게도 의지하고 사랑했던 어머니와의 영원한 이별이 되고 말았다. 외삼촌 라반의 집에서 생활한 20년은 야곱에게 있어서 가정을 이루고, 물질적으로는 거부가 되는 외적인 소득도 있었지만, 그 과정에서 결코 잊을 수 없는 엄청난 상처를 경험하기도 했다.

야곱은 외삼촌 라반으로부터 수도 없이 속임을 당하였다. 어쩌면 형을 속이고 아버지를 속인 야곱이 적어도 속이는 일에 있어서는 자기보다 고수인 라반에게서 수많은 속임을 당하면서 인생의 쓴맛을 보았다고 말할 수 있다. 야곱은 외삼촌 집에서 일하면서 품삯으로 외삼촌의 딸 라헬을 아내로 맞이하기로 약속하고 7년 동안 외삼촌을 섬겼다.

"야곱이 라헬을 위하여 칠 년 동안 라반을 섬겼으나, 그를 사랑하는 까닭에 칠 년을 며칠같이 여겼더라"(창 29:20).

야곱은 외삼촌과 약속한 7년을 채우고 라헬을 아내로 달라고 요구하였다. 야곱의 요구를 받은 라반은 그곳 사람들을 모아 잔치를 베풀고 그의 딸을 야곱에게 아내로 주었다. 그런데 라반이 야곱에게 아내로 준 딸은 야곱과 약속한 라헬이 아니라, 레아였다.

> "야곱이 아침에 보니 레아라. 라반에게 이르되 외삼촌이 어찌하여 내게 이같이 행하셨나이까? 내가 라헬을 위하여 외삼촌을 섬기지 아니하였나이까? 외삼촌이 나를 속이심은 어찌됨이니이까?"
> (창 29:25).

라헬을 사랑하는 마음으로 7년 동안의 고생도 고생으로 여기지 아니하고 기쁨으로 일을 하였는데, 그의 오랜 기대와 사랑이 이렇게 허무하게 무너질 수 있단 말인가? 야곱이 느낀 허탈감과 분노는 '외삼촌이 어찌하여 내게 이같이 행하셨나이까?'라는 말 속에 고스란히 표현되고 있다. 그것도 모자라서 야곱의 분노가 다시 한 번 더 표현되고 있다. '외삼촌이 나를 속이심은 어찌됨이니이까?'

속임을 당하고 분노하는 야곱에게 라반은 태연하게 대답한다. 그 지역의 관례를 언급하면서 또 다시 7년을 봉사할 것을 요구하였다.

> "라반이 이르되, 언니보다 아우를 먼저 주는 것은 우리 지방에서 하지 아니하는 바이라. 27) 이를 위하여 칠 일을 채우라. 우리가 그도 네게 주리니, 네가 또 나를 칠 년 동안 섬길지니라"(창 29:26-27).

라반은 야곱이 전혀 알지도 못하는 이유를 들어서 야곱을 속인 자신의 행동을 정당화한다. 지나간 7년의 봉사는 레아를 위한 것이었고, 라헬을 위해서 앞으로 7년을 더 봉사하라고 요구한다. 야곱 입장에서 보면, 자신이 사랑하는 라헬을 위해서 7년을 봉사하겠다고 약속했지, 그 대상이 레아였다면 결코 그런 약속을 하지 않았을 것이다.

　야곱은 라반의 교활함에 철저하게 속았다. 쉽게 표현하면, 라반은 야곱이 좋아하는 라헬을 미끼로 하여 매력이 없는 레아를 최고의 값으로 끼워 팔기 한 것이다. 야곱에게는 다른 선택의 여지가 없었다. 사랑하는 라헬을 아내로 맞이하기 위해서는 '울며 겨자 먹기' 식으로 또 다시 7년을 봉사할 수밖에 없었다. 야곱에게는 모든 사람들의 축복 속에서 기쁘고 즐거워야 할 결혼이 라반의 속임수 때문에 허탈감과 분노가 가득한 고통의 사건이 되었다. 야곱에게 있어서 결혼은 기쁨이 아니라 또 다시 거절감을 경험하는 뼈아픈 상처가 되고 말았다.

　기쁨과 축복의 시간이 되어야 할 결혼이 분노와 고통의 시간으로 변해버린 사건은 야곱이 그의 외삼촌 라반에게서 받는 상처의 시작에 불과했다. 라반에게 속아서 14년의 세월을 보낸 야곱은 자기 고향으로 돌아가기를 원했지만 라반의 감언이설에 속아서 또 다시 6년의 세월을 보내게 된다. 야곱이 라반의 집을 떠나면서 남긴 그의 고별사는 20년 동안 받은 그의 상처가 얼마나 크고 깊은 것이었는지를 그대로 표현하고 있다.

　"내가 이와 같이 낮에는 더위와 밤에는 추위를 무릅쓰고, 눈 붙일 겨를도 없이 지냈나이다. 41) 내가 외삼촌의 집에 있는 이 이십 년 동안 외삼촌의 두 딸을 위하여 십사 년, 외삼촌의 양 떼를 위하여 육 년을 외삼촌에게 봉사하였거니와 외삼촌께서 내 품삯을 열 번이나 바꾸셨으며, 42) 우리 아버지의 하나님, 아브라함의 하나님 곧 이삭이 경외하는 이가 나와 함께 계시지 아니하셨더라면, 외삼촌께서 이제 나를 빈손으로 돌려보내 셨으리이다마는, 하나님이 내 고난과 내 손의 수고를 보시고 어제 밤에 외삼촌을 책망하셨나이다"(창 31:40-42).

　　야곱의 고별사에 의하면, 외삼촌과 함께 지낸 20년은 야곱에게 있어서는 씻을 수 없는 속임과 거절과 상처를 경험한 세월이었다. 야곱은 어머니 리브가의 지시를 따라서 형 에서의 위협에서 벗어나서 안식처로 찾은 외삼촌 집이었지만, 거기에서 위로 받고 존중 받기보다는 지속적으로 반복되는 외삼촌의 속임수 때문에 오히려 더 큰 상처를 경험하고 말았다. 야곱이 라반에게 철저하게 속임을 당했다는 것은 그로부터 존중 받지 못하고 철저하게 무시당하고 이용당했다는 것을 의미한다. 야곱이 라반에게 여러 번 속았다는 사실에 분노하는 것은 외삼촌을 위한 자신의 충성스런 봉사와 섬김이 제대로 인정을 받지 못하고 거절당하고 무시당한 것에 대한 분노와 아픔의 표현이었다. 지속적이고도 철저한 무시와 거절이 야곱이 라반으로부터 입은 상처이다.

　　지금까지 살펴본 야곱의 인생은 모태에서부터 거절당하는 상처로 시작해서, 가정에서 아버지에게서 거절당하고, 도피 생활 중에 외삼촌에게서 거절당하는 상처의 연속이었다. 야곱의 인생 여정은 그가 받은 상처를 치료하고 완화시켜주는 과정이 아니라, 눈덩이를 굴리듯이 상처가 점점 더 커지고 깊어지는 과정이었다. 이렇게 해결되지 않는 상처를 마음에 가득히 품고 살아가는 사람은 결코 편안하고 너그러운 삶을 살 수 없다. 뿐만 아니라, 자기 안에 있는 상처 때문에 주위 사람들에게 아픔과 고통을 줄 수밖에 없다.

야곱이 가족들에게 준 상처

야곱이 자신의 가정에서 받은 상처는 크게 두 가지 종류로 정리할 수 있다. 첫 번째는 형 에서와의 경쟁에서 짐으로 말미암아 당하는 패배감과 거절감이었다. 두 번째는 자기보다 에서를 더 사랑하는 아버지의 편애로 인한 차별과 거절감이었다. 간단히 말하면, 야곱은 가정에서 인정과 존중을 받지 못하고 '경쟁에서 패배'와 '아버지의 편애'로 인하여 자신도 감당할 수 없는 깊은 상처를 받았다. 거기에다가 설상가상 雪上加霜 으로 외삼촌으로부터 받은 상처가 더해졌다.

이런 야곱의 상처가 자신이 가장이 되었을 때에는 어떤 행동 양식으로 나타나게 될까? 한 가정에서 자식과 동생이라는 철저한 '을'의 위치에서 견디기 힘든 상처를 받은 야곱이 남편과 아버지라는 '갑'의 입장이 되었을 때 그는 어떻게 행동할까? 한 가정에서 가장으로서 야곱이 행동하는 모습을 주의 깊게 살펴보는 것은 우리들의 상처를 진단함에 있어서 대단히 중요한 관전 포인트가 될 것이다.

아내들에게 준 거절감

상처투성이로 성장하고, 삶의 현장에서 더 깊은 상처를 경험한 야곱은 자신의 상처가 가지고 있는 파괴적인 행동을 자신의 가족들에게 그대로 표현하였다. 아버지의 편애로 인하여 차별을 받은 야곱이 아내들을 끊임없이 차별하였고, 형과의 경쟁에서 쓰라린 패배감을 경험한 야곱이 아내들에게 지속적인 패배감을 안겨주는 행동을 하였다.

야곱의 가정은 대단히 복잡한 구조로 시작되었다. 야곱은 외삼촌의 딸 라헬을 사랑함으로 7년을 약속하고 봉사했는데, 외삼촌의 속임수로 인하여 7년 후에 아내로 맞아들인 여인은 라헬이 아니라 자신이 좋아하지 않는 레아였다. 그리고 라헬을 아내로 맞이하기는 했지만 그 과정에서 씻을 수 없는 상처를 경험하였다. 그리고 라반은 자기 딸들에게 시녀를 하나씩 붙여서 야곱에게 아내로 주었다. 과정을 생략하고 결과만 간단하게 말하면, 야곱은 전혀 의도하지 않는 상황에서 사랑하는 여인과 사랑하지 않는 여인이 섞여있는 4명의 아내를 가지게 된 것이다. 이런 상황에서 자신이 진심으로 사랑하는 아내 라헬에 대한 야곱의 집착은 충분히 예상할 수 있는 일이다.

"야곱이 또한 라헬에게로 들어갔고, 그가 레아보다 라헬을 더 사랑하여 다시 칠 년 동안 라반을 섬겼더라"(창 29:30).

야곱이 라헬을 사랑함으로 자발적으로 외삼촌을 섬긴 7년은 전혀 힘든 시간이 아니라 오히려 즐거운 시간이었을 것이다.

"야곱이 라헬을 위하여 칠 년 동안 라반을 섬겼으나, 그를 사랑하는 까닭에 칠 년을 며칠같이 여겼더라"(창 29:20).

그런데 라반에 속은 후에 다시 시작된 7년은 어떤 기분으로 외삼촌을 섬겼을까? 라반은 지나간 7년은 레아를 위한 봉사였고, 라헬을 위해서는 앞으로 7년을 더 섬기라고 하였지만, 야곱의 입장에서는 결코 동의할 수 없는 말이다. 야곱은 지난 7년을 사랑하는 라헬을 위해서 봉사했지만, 앞으로의 7년은 자기가 좋아하지 않는 레아를 위하여 억지로 7년을 더 일할 수밖에 없는 상황이 되고 말았다. 야곱의 입장에서 본다면, 레아를 위해서 7년을 봉사하는 것은 억울하고 손해 보는 일이라고 생각하기에 충분했을 것이다. 이런 상황에서 야곱이 레아를 진심으로 사랑할 수 있었겠는가?

아내들에 대한 야곱의 편애는 충분히 예상되는 것이었지만, 그 정도가 지나쳤다. 야곱이 남편으로서의 의무감으로 레아를 대하기는 했지만 사랑은 전혀 없었다. 그 정도가 얼마나 심했으면 하나님께서 그냥 두고 볼 수가 없어서 적극적으로 개입할 정도였겠는가?

"여호와께서 레아가 사랑 받지 못함을 보시고 그의 태를 여셨으나, 라헬은 자녀가 없었더라"(창 29:31).

하나님은 라헬과 레아 사이에 도를 넘어선 불공평한 남편의 사랑을 평균케 하기 위해서 레아의 태를 열어주셔서 아들들을 낳게 했지만, 라헬의 태는 열어주지 않았다. 하나님의 개입으로 남편의 사랑을 받지 못하는 레아는 아들을 여럿 낳게 되었다.

하나님의 은혜로 아들들을 낳게 된 레아가 그들의 이름을 짓는 과정을 보면, 그녀가 남편의 사랑을 받기 위해서 얼마나 처절하게 몸부림치고 있는 지를 충분히 알 수 있다.

첫 번째 아들의 이름을 '르우벤'이라고 지으면서 레아는 이렇게 고백한다: '여호와께서 나의 괴로움을 돌보셨으니, 이제는 내 남편이 나를 사랑하리로다 하였더라'(창 29:32).

두 번째 아들의 이름을 '시므온'이라고 지으면서 레아는 이렇게 고백한다: '여호와께서 내가 사랑 받지 못함을 들으셨으므로 내게 이 아들도 주셨도다'(창 29:33).

세 번째 아들의 이름을 '레위'라고 지으면서 레아는 이렇게 고백한다: '내가 그에게 세 아들을 낳았으니 내 남편이 지금부터는 나와 연합하리로다'(창 29:34).

네 번째 아들을 낳고 이름을 짓는 과정에서는 중요한 변화를 발견할 수 있다. 아들의 이름을 '유다'라고 지으면서 이렇게 고백한다: '내가 이제는 여호와를 찬송하리로다'(창 29:35). 세 번째까지는 레아의 관심과 집착이 오로지 남편에게 집중되어 있었지만, 네 번째에 와서는 그녀의 관심이 남편에게서 하나님께로 향하고 있다. 이것은 레아에게 있어서 대단히 중요한 변화라고 말하지 않을 수 없다.

레아는 야곱의 아내로서 아들들을 낳기는 했지만 남편으로부터 사랑 받지도 못했고 존중 받지도 못했다. 철저하게 거절당하고 무시당하였다. 야곱 자신이 성장 과정에서 가정에서 받은 상처와 아픔을 고스란히 레아에게 쏟아 놓고 있는 것이다. 그나마 다행인 것은 레아가 네 번째 아들을 낳고 '유다'라고 이름을 지으면서 남편에 대한 집착을 내려놓고 그의 관심이 하나님께로 향하고 있다는 사실이다. 여기서 레아는 자신의 상처를 위로 받고 치유 받을 수 있는 올바른 방법이 무엇인지를 발견하였다고 짐작할 수 있다.

이후에도 남편의 사랑을 차지하기 위한 라헬과 레아의 경쟁은 멈추지 않았다. 아들을 낳는 일에 있어서 형 레아에게 완패를 당한 라헬은 그의 여종 빌하를 남편에 주어서 아들을 낳게 함으로 더 치열한 경쟁을 벌였다. 라헬이 그의 시녀 빌하가 낳은 두 아들의 이름을 짓는 과정을 보면, 야곱의 아내들 사이에서 남편의 사랑을 차지하기 위한 경쟁이 얼마나 격화되고 있는 지를 충분히 알 수가 있다.

"라헬이 이르되, 하나님이 내 억울함을 푸시려고 내 호소를 들으사 내게 아들을 주셨다 하고, 이로 말미암아 그의 이름을 단이라 하였으며" (창 30:6).

"라헬이 이르되, 내가 언니와 크게 경쟁하여 이겼다 하고, 그의 이름을 납달리라 하였더라"(창 30:8).

라헬이 그의 시녀 빌하를 야곱에게 아내로 줌으로 인하여 격화된 경쟁은 레아가 그의 시녀 실바를 야곱에게 주는 것으로 전선이 확대되어서 더 치열하게 진행되었다. 이렇게 해서 라헬이 요셉을 낳기까지 야곱은 4명의 아내를 통하여 11명의 아들을 낳기는 했지만, 그 과정은 철저하게 경쟁과 투쟁의 과정이었다. 이 과정에서 야곱은 남편으로서, 가장으로서, 갈등의 조정자 역할을 전혀 하지 못하고 오히려 경쟁이 격화되는 것을 방치하였다. 야곱이 아버지의 인정과 사랑을 받기 위해서 에서와 치열하게 경쟁하였지만, 그 경쟁에서 패배하고 차별당한 아픈 상처가 그의 아내들에게 더 악화된 모습으로 고스란히 전가되었다.

자식들에게 준 거절감

남편의 사랑을 받지 못하고 차별당하고 무시당하는 어머니에게서 태어난 아들들은 어떤 대우를 받으면서 성장했겠는가? 그들이 아버지로부터 사랑을 받고 존중을 받으면서 성장했겠는가? 야곱이 아내들에게 행한 행동을 보았을 때, 아들들에게 그런 배려와 관심을 가지는 것은 전혀 불가능한 일이다. 야곱의 아들들은 아버지의 무관심 속에서 상처받은 어머니들의 아픔과 고통을 생생하게 보고, 듣고, 몸과 마음으로 그 고통과 아픔을 공유하면서 성장했을 것이다.

야곱의 아들들은 차별당하고 무시당하는 어머니들을 통해서 상처를 공유하면서 성장했을 뿐만 아니라, 아버지로부터도 노골적인 차별과 무시를 당하면서 성장하였다. 그들이 평소에 아버지로부터 어떤 대우를 받으면서 성장했는지는 두 가지 경우에서 적나라하게 드러난다.

첫 번째 장면은 야곱이 가족들을 거느리고 고향으로 돌아오는 과정에서 에서의 위협에 직면하는 순간 자식들에 대한 야곱의 마음이 어떤지를 숨김없이 보여준다.

"야곱이 눈을 들어 보니 에서가 사백 명의 장정을 거느리고 오고 있는지라. 그의 자식들을 나누어 레아와 라헬과 두 여종에게 맡기고, 2) 여종들과 그들의 자식들은 앞에 두고, 레아와 그의 자식들은 다음에 두고, 라헬과 요셉은 뒤에 두고"(창 33:1-2).

야곱이 판단한 상황은 에서가 400명의 군사를 거느리고 자신을 치러 온다고 판단했다. 죽음의 위협에 직면한 상황에서 야곱은 아들들을 세 등급으로 나누었다. 최하등급은 여종들의 아들들이었다. 여종들과 그들의 아들들은 에서의 공격에서 제일 먼저 죽음을 당할 수 있는 제일 앞에 서게 했다. 레아와 그의 아들들은 두 번째 등급을 받고 중간에 배치하였다. 그리고 라헬과 요셉은 가장 안전한 제일 뒤에 배치하였다. **죽음의 위협 앞에서 아버지로부터 이렇게 죽음의 순서를 배당 받은 아들들과 아내들의 마음은 어떨까? 아버지로부터, 남편으로부터 사랑과 존중을 받지 못하고 죽음의 자리로 내몰린 그들의 거절감을 어떻게 설명할 수 있겠는가? 이들이 받은 상처를 누가 위로할 수 있겠는가?**

두 번째 장면은 아버지 야곱이 자기가 사랑하는 아내 라헬의 아들 요셉을 편애하는 것이다.

"요셉은 노년에 얻은 아들이므로 이스라엘이 여러 아들들보다 그를 더 사랑하므로 그를 위하여 채색 옷을 지었더니, 4) 그의 형들이 아버지가 형들보다 그를 더 사랑함을 보고 그를 미워하여, 그에게 편안하게 말할 수 없었더라"(창 37:3-4).

성장 과정에서 아버지의 편애로 씻을 수 없는 상처를 경험한 야곱은 출생과정에서부터 거절당하고 차별당하는 아들들의 마음이 어떤지를 조금도 보살피지 못하고 배려하지 못했다. 오히려 자기가 당했던 것보다 더 심각한 편애로, 자기가 받은 것보다 더 크고 깊은 상처를 아들들에게 물려주었다.

야곱의 삶을 살펴보면서 두 가지 생각을 가지게 된다. 하나는, 야곱이 남편으로서, 아버지로서 최소한의 자질이라도 있는지 묻지 않을 수 없다. 다른 하나는, 어릴 때 받은 상처가 자신도 모르는 사이에 배우자와 자녀들에게 이렇게 파괴적인 행동으로 나타날 수 있다는 사실에 두려움을 느낀다.

분노로 폭발한 아들들의 상처

야곱의 아들들이 성장하면서 받은 상처와 거절감은 아버지 야곱이 받은 것보다도 훨씬 더 크고 깊은 것이었다. 그들은 태어나면서부터 아버지로부터 차별 받고 무시당하는 어머니를 보고 성장하였다. 뿐만 아니라 아버지로부터 견디기 힘든 직접적인 차별도 받았다. 심지어는 아버지 야곱이 그렇게도 편애하는 증오의 대상인 요셉에게도 무시를 당하였다.

> "요셉이 꿈을 꾸고 자기 형들에게 말하매, 그들이 그를 더욱 미워하였더라. 6) 요셉이 그들에게 이르되, 청하건대 내가 꾼 꿈을 들으시오. 7) 우리가 밭에서 곡식 단을 묶더니, 내 단은 일어서고 당신들의 단은 내 단을 둘러서서 절하더이다"(창 37:5-7).

요셉이 자신이 꾼 꿈을 형들에게 이야기하는 태도나 그의 꿈의 내용은 형들의 마음에 쌓인 상처와 거절감을 자극하기에 충분한 것이었다.

> "그의 형들이 그에게 이르되, 네가 참으로 우리의 왕이 되겠느냐? 참으로 우리를 다스리게 되겠느냐? 하고, 그의 꿈과 그의 말로 말미암아 그를 더욱 미워하더니"(창 37:8).

아버지로부터 받은 상처는 그렇다손 치더라도 아버지의 편애를 받고 있는 나이 어린 동생으로부터 무시를 당한다는 사실은 그들의 분노를 들끓게 만들었다.

치유되지 않고 남아 있는 상처는 자신과 다른 사람을 찌르는 가시로 작용할 수밖에 없다. 성장 과정에서 가정에서 패배와 차별로 인해 상처를 받은 야곱은 그 상처를 치유 받지 못하고 가정을 떠났다. 가정을 떠나서 객지에서 생활하던 야곱은 상처를 위로 받거나 치유 받지 못하고 거기서도 오히려 더 큰 상처를 입었다. 이렇게 쌓이고 쌓인 야곱의 상처가 그의 아내들과 자식들에게 어떤 아픔과 고통과 상처를 주었는지는 앞에서 살펴보았다. 성장 과정에서 끊임없이 차별 받은 야곱은 자기도 끊임없이 차별하면서 아내들과 자식들에게 씻을 수 없는 상처와 고통을 안겨 주었다.

치유되지 않은 야곱의 상처가 가족들에게 더 큰 상처를 주었듯이, 야곱의 아들들이 받은 상처도 마찬가지이다. 야곱의 아들들의 치유되지 않은 상처는 다른 사람을 찌르는 강력한 폭력의 형태로 나타났다.

첫 번째 사건은 세겜 성 사람들에게 행한 시므온과 레위의 폭력적인 행동이다. 야곱은 외삼촌 집이 있는 밧단아람에서 가나안 땅으로 돌아와서 세겜성에 정착하였다. 하루는 레아가 야곱에게 낳은 딸 디나(창 34:1; 30:21)가 세겜성의 친구들을 만나러 나갔다가 그 땅의 추장의 아들인 세겜에게 강간을 당하였다. 이 사건은 야곱에게는 충격이었으며, 그의 아들들에게는 마음속에 쌓인 분노를 폭발시키는 기폭제가 되고 말았다. 세겜은 디나를 강간하고 자기 아내로 삼기를 원하였다. 이런 아들의 마음을 알고 있는 세겜의 아버지 하몰은 야곱에게 서로 통혼할 것은 제안하였다. 하몰의 제안을 받은 야곱의 아들들은 분노를 이기지 못하고 세겜성 사람들에게 잔인한 보복을 계획하고 그들에게 속임수로 그럴싸한 제안을 하였다.

"야곱의 아들들이 세겜과 그의 아버지 하몰에게 속여 대답하였으니, 이는 세겜이 그 누이 디나를 더럽혔음이라. 14) 야곱의 아들들이 그들에게 말하되 우리는 그리하지 못하겠노라. 할례 받지 아니한 사람에게 우리 누이를 줄 수 없노니, 이는 우리의 수치가 됨이니라"(창 34:13-14).

야곱의 아들이 제시한 조건은 세겜성 사람들이 모두 할례를 받으면 하몰이 요구한 대로 서로 통혼하겠다는 것이었다. 그러나 그 대답은 진심이 아니라 세겜성 사람들을 죽이기 위한 속임수였다. 그런 잔인한 음모도 모르고 세겜성 사람들은 모두 할례를 받았다.

세겜성 사람들에게 잔인한 보복을 가하는 일에 야곱의 아들들이 대부분 적극적으로 가담하였다. 아마도 요셉은 이 계획에서 **빠졌을**

것이 확실하다. 요셉은, 나이도 어렸겠지만, 평소에도 형들의 잘못을 아버지 야곱에게 알려주는 경향이 있었으니까(창 37:2), 이런 중요하고 비밀스런 일에 요셉을 가담시킬 수 없었을 것이다. 야곱의 아들들 중에서도 폭력적 보복에 주도적 역할을 한 아들은 시므온과 레위였다.

> "제삼일에 아직 그들이 아파할 때에, 야곱의 두 아들 디나의 오라버니 시므온과 레위가 각기 칼을 가지고 가서 몰래 그 성읍을 기습하여 그 모든 남자를 죽이고, 26) 칼로 하몰과 그의 아들 세겜을 죽이고, 디나를 세겜의 집에서 데려오고, 27) 야곱의 여러 아들이 그 시체 있는 성읍으로 가서 노략하였으니, 이는 그들이 그들의 누이를 더럽힌 까닭이라"(창 34:25-27).

여기서 주의할 것은 시므온과 레위와 디나는 모두 야곱의 사랑 받지 못한 아내 레아가 야곱에게서 낳은 자녀들이다. '시므온'과 '레위'의 이름 속에 남편의 사랑을 받지 못하고 차별 당하고 무시당하는 레아의 처절한 감정이 표현되어 있다. '시므온'을 낳고 레아는 이렇게 한탄하며 자신을 위로하였다: '여호와께서 내가 사랑 받지 못함을 들으셨으므로 내게 이 아들도 주셨도다'(창 29:33). 차별과 무시로 학대 받고 있는 어머니의 처절한 감정을 담은 이름을 가지고 성장한 '시므온'의 심리 상태가 원만할 수 있겠는가? 적어도 시므온과 레위와 디나는 어머니 레아의 불행과 고통을 고스란히 물려받아서 '자기연민'으로 강력한 연대감을 형성하고 있는 사람들이다.

시므온과 레위는 자신들이 차별과 무시당함으로 인하여 받은

상처가 너무 크기 때문에 자기들과 같은 처지에 있는 여동생 디나가
다른 사람들로부터 억압당하고 무시당하는 일을 도저히 참을
수가 없었다. 그래서 그들은 잔인한 폭력으로 세겜성 사람들을 다
죽이고도 그들의 분이 풀리지 않았다. 야곱이 그들의 잔인한 폭력을
나무라자 시므온과 레위는 아버지의 비난에 대해서 자신들의
정당성을 주장하면서 이렇게 항변한다.

"그들이 이르되 그가 우리 누이를 창녀같이 대우함이 옳으니이까?"
(창 34:31).

자기연민으로 똘똘 뭉친 레아의 자녀들은 여동생 디나가
존중 받지 못하고 무시당하는 일을 도저히 참을 수 없었던 것이다.
세겜성의 불행한 사건은 치유되지 않은 상처가 얼마나 잔인한
폭력으로 나타날 수 있는지를 보여주는 대표적 사례로 꼽을 만하다.

두 번째 사건은 요셉에게 행한 폭력이다. 야곱의 아들들에게
요셉은 그야말로 눈엣가시와 같은 존재였다. 요셉이 아버지의
사랑을 독차지하는 것도 참을 수 없었는데, 그것도 모르고 요셉은
자기가 꾼 꿈 이야기를 자랑하듯이 형들에게 들려주었다. 그 내용도
형들의 상처와 분노를 자극하기에 충분한 것이었다.

"그의 형들이 그에게 이르되, 네가 참으로 우리의 왕이 되겠느냐하고,
그의 꿈과 그의 말로 말미암아 그를 더욱 미워하더니"(창 37:8).

요셉의 꿈 이야기로 자극을 받은 형들의 분노는 폭발할 기회만
찾고 있는 상황으로까지 발전했다.

> "요셉이 그들에게 가까이 오기 전에, 그들이 요셉을 멀리서 보고 죽이기를 꾀하여, 19) 서로 이르되 꿈꾸는 자가 오는 도다. 20) 자, 그를 죽여 한 구덩이에 던지고 우리가 말하기를 악한 짐승이 그를 잡아먹었다 하자. 그의 꿈이 어떻게 되는지를 우리가 볼 것이니라 하는지라"
> (창 37:18-20).

요셉의 형들은 아버지의 심부름을 온 요셉을 아버지가 없는 들판에서 만났다. 그를 죽여 없앨 좋은 기회가 찾아왔다. 그들은 이 기회를 놓치지 않고 요셉을 죽이기로 하고 그 계획을 실행하였다. 이런 저런 우여곡절을 거쳐서 요셉을 죽이지는 않고 그가 입었던 아버지의 편애의 상징인 채색 옷을 벗기고 애굽에 노예로 팔아버리는 것으로 마무리했다(창 37:21-28). 형들의 마음속에 쌓인 차별과 상처로 인한 분노가 요셉을 죽이려 하고, 옷을 벗겨서 구덩이에 던지고, 돈을 받고 노예로 팔아버리는 폭력으로 폭발하였다.

요셉이 형들에게 폭력을 당하고 노예로 팔려갈 때 얼마나 고통스러워했는지는 오랜 세월이 지난 후에 양식을 구하기 위해서 애굽에 도착한 형들의 입을 통해서 그 실상이 공개되었다.

> "그들이 서로 말하되 우리가 아우의 일로 말미암아 범죄하였도다. 그가 우리에게 애걸할 때에 그 마음의 괴로움을 보고도 듣지 아니하였으므로, 이 괴로움이 우리에게 임하였도다"(창 42:21).

요셉의 형들은 그들의 마음속에 있는 분노가 너무나 컸기 때문에 죽음의 공포 앞에서 애걸하는 동생의 괴로움을 돌아볼 여유가 없었다. 오히려 그의 괴로움과 고통을 통해서 그들의 분노가 보상을 받는 카타르시스를 경험했을 것이다.

마지막으로, 아들들의 폭력적 행동은 결과적으로 아버지인 야곱에게 견디기 힘든 고통을 주는 폭력으로 작용하게 되었다. 시므온과 레위가 세겜성 사람들에게 행한 폭력적 행동은 야곱으로 하여금 멸족의 두려움과 공포에 휩싸이게 만들었다.

"야곱이 시므온과 레위에게 이르되, 너희가 내게 화를 끼쳐 나로 하여금 이 땅의 주민, 곧 가나안 족속과 브리스 족속에게 악취를 내게 하였도다. 나는 수가 적은즉, 그들이 모여 나를 치고 나를 죽이리니, 그러면 나와 내 집이 멸망하리라"(창 34:30).

요셉에게 행한 아들들의 폭력은 아버지 야곱에게는 남은 인생을 씻을 수 없는 슬픔과 고통 가운데서 살아가게 만드는 비극적인 사건이 되고 말았다.

"그들이 요셉의 옷을 가져다가 숫염소를 죽여 그 옷을 피에 적시고, 32) 그의 채색 옷을 보내어 그의 아버지에게로 가지고 가서 이르기를, 우리가 이것을 발견하였으니 아버지 아들의 옷인가 보소서 하매, 33) 아버지가 그것을 알아보고 이르되, 내 아들의 옷이라. 악한 짐승이 그를 잡아먹었도다. 요셉이 분명히 찢겼도다 하고, 34) 자기 옷을 찢고 굵은 베로 허리를 묶고, 오래도록 그의 아들을 위하여 애통하니, 35) 그의 모든 자녀가 위로하되 그가 그 위로를 받지 아니하여 이르되, 내가 슬퍼하며 스올로 내려가 아들에게로 가리라 하고, 그의 아버지가 그를 위하여 울었더라"(창 37:31-35).

야곱은 요셉이 들짐승에게 찢겨져 죽었다고 말을 하지만, 그의 아들들에 대한 의심을 완전히 거둔 것은 아니다. 그의 아들들에 대한 의구심은 야곱을 더 폐쇄적인 자기 방어체계에 몰입하게 만들어서

없어진 요셉 대신에 그의 동생 베냐민에 대한 강력한 집착으로
나타났다. 나중에 애굽의 양식을 사러 가면서 베냐민을 데리고 가야
한다고 주장하는 아들들에게 보인 야곱의 반응은 요셉이 없어진
후에 야곱의 마음에 어떤 변화가 있었는지를 잘 보여준다.

> "그들의 아버지 야곱이 그들에게 이르되, 너희가 나에게 내 자식들을
> 잃게 하도다. 요셉도 없어졌고, 시므온도 없어졌거늘 베냐민을 또 빼앗아
> 가고자 하니, 이는 다 나를 해롭게 함이로다"(창 42:36).

이 말 속에서 야곱은 요셉이 없어진 사건에 아들들이 어떤 형태로든
관여했을 것이라는 강한 의구심을 가지고 있음을 알 수 있다. 그리고
시므온이 애굽에 인질로 잡혀서 함께 오지 못한 것도 아들들의
음모에 의해서 죽은 것으로 생각하고 있다. 그리고 베냐민을
데려가겠다는 것도 베냐민을 죽이기 위한 음모로 생각하고 있다.

어릴 때 형 에서를 속임으로 형에게 엄청난 고통을 준 야곱이,
아버지를 속임으로 가족 전체를 고통과 이별의 소용돌이로 몰아넣은
야곱이, 외삼촌에 지속적으로 속으면서 분노하고 고통을 당하는
것도 모자라서, 이제는 아들들에게 철저하게 속임을 당하면서
여생을 고통과 슬픔과 탄식 속에서 살아가고 있다. 치유 받지 못한
상처가 또 다른 더 크고 깊은 상처를 낳는 악순환의 고리가 야곱의
가정에서 언제 끊어질 수 있을까?

상처는 암호화된 거짓 믿음으로 마음에 기억된다

　　마음에 쌓인 상처가 치료되지 않고 남아 있으면, 그것은 지속적으로 자신을 괴롭히고 다른 사람에게 고통을 주는 파괴적인 역할을 할 수밖에 없다. 마음의 상처라고 말하는 것을 쉽게 설명하면, 과거에 받은 마음의 충격과 아픔이 마음 속 깊은 곳에 암호화되어 저장되어 있다가 과거에 충격과 아픔을 경험했을 때와 비슷한 상황이 벌어지면, 암호화된 상태로 저장되었던 기억이 연상 작용을 통하여 활성화되어서 아픔과 고통의 체험을 가중시켜 가는 증상이라고 말할 수 있다. 상처는 과거에 받았지만, 마음속에 암호화된 상태로 저장되어 있다가 자신의 현재와 미래의 삶에 지속적으로 파괴적인 영향을 미친다.

　　과거에 받은 충격과 상처가 암호화되어 마음속에 저장되어 있는 현상을 '트라우마 기억'이라고 말한다. '트라우마'는 '후유증으로 장기간에 걸쳐서 정신적인 장애를 유발하는 충격이나 상처'로 정의할 수 있다. 충격이나 상처로 유발되는 트라우마는 거짓된 믿음에 근거하여 자기보호 반응체계로 암호화되어 자신의 몸과 마음에 기억된다. '트라우마 기억'은 마음에 충격과 아픔(트라우마)을 경험할 때마다 암호화 되어 저장되지만, 때로는 유전을 통해서 물려받을 수 있다.

　　트라우마가 어떻게 암호화되어 저장되는지를 이런 예로 설명할 수 있다. 연년생으로 태어나서 성장한 자매가 과거에 자기가 받은 상처를 이야기하는 것을 들은 적이 있다. 이 자매는 한 살 위인 언니와 비교를 당한 아픈 기억을 가지고 있다. 한 번은 집에 손님이 왔는데, 손님들 앞에서 언니를 칭찬하면서 자기보고는 방에 들어가서 놀라고 했단다. 손님들 앞에서 엄마의 칭찬을 듣지 못하고 거절당한 사건은 이 어린 소녀에게는 분명히 트라우마였다. 어린 소녀의 사고 수준에서는 그 사건이 다음과 같이 암호화된다. 엄마는 언니에게는 관심을 보이고 칭찬하지만, 나에게는 관심도 보이지 않고 칭찬도 하지 않을 거야. 엄마는 나보다 언니를 더 사랑하는 것이 분명해. 그러니까 다른 사람들도 나를 무시하고 사랑하지 않을 거야. 자신은 다른 사람들로부터 인정을 받지 못할 거야. 자신에게는 문제가 많기 때문에 성공하지 못할 거야. 이런 생각이 그녀의 마음 속 깊은 곳에 각인되어 자기암시(자기충족예언)가 된다.

엄마의 인정과 칭찬을 듣지 못한 사건은 그녀에게 트라우마 기억이다. 그녀의 삶에서 이 기억을 연상시키는 어떤 사건이 발생하면, 그녀는 이 트라우마에 근거해서 느끼고, 생각하고, 행동한다. 트라우마 기억이 활성화되면, 논리적인 마음을 건너뛰어 반응하는 마음이 작용한다. 이 과정을 스트레스 반응이라고 부른다. 현재의 환경에서 과거의 트라우마와 관련된 어떤 것이 연상될 때마다 최초의 충격과 아픔이 다시 활성화된다. 문제는 마음에 암호화되어 저장되어 있는 기억이 활성화될 때는 과거의 사건에 반응하는 것이 아니라 현재의 사건에 반응한다는 것이다. 이해할 수 없는 것은 현재 경험하고 있는 사건은 과거에 아픔과 충격을 경험했던 사건과는 전혀 일치하지 않음에도 불구하고, 마치 최초의 충격과 아픔을 지금 다시 경험하고 있는 것처럼 반응한다는 것이다. 가장 심각한 문제는 잘못 암호화되어서 저장된 거짓을 믿는다는 것이다.

우리는 자신이 경험한 것뿐만 아니라, 타락한 아담으로부터 유전된 '트라우마 기억'을 가지고 태어난다. 아담은 하나님과 경쟁하여 하나님께 불순종하는 죄를 범하였다. 그 죄로 인해서 아담은 하나님으로부터 형벌을 받고, 급기야는 에덴에서 쫓겨나는 거절감으로 인한 충격과 아픔이라는 '트라우마 기억'을 가지고 있다. 이 트라우마 기억은 아담의 후손들에게 유전되어서 그것을 연상시키는 사건이 일어날 때마다 활성화되어 자신과 주위 사람들에게 고통과 상처를 주며, 또 다른 트라우마 기억을 만들어낸다.

창세기 25장 23-26절에 기록된 야곱의 출생 사건은 아담의 타락한 본성과 연결된 '트라우마 기억'을 설명하는 좋은 예가 될 수 있다. 야곱의 출생 사건에서 야곱은 어떤 면으로 보더라도 결코 경쟁에서 패배한 실패자가 아니다. 하나님은 결코 쌍둥이 중에서 나중에 태어난 자가 경쟁에서 패배한 실패자라고 말씀하지 않았다.

"여호와께서 그에게 이르시되, 두 국민이 네 태중에 있구나. 두 민족이 네 복중에서부터 나누이리라. 이 족속이 저 족속보다 강하겠고, 큰 자가 어린 자를 섬기리라"(창 25:23).

하나님의 말씀에 근거하면, 나중에 태어난 야곱은 어느 면으로 보더라도 결코 패배자가 아니었다. 그런데도 야곱은 형과의

경쟁에서 밀려서 형의 발꿈치를 잡고 나오는 사건(창 25:26)을
뼈아픈 실패로 받아들였다.

　　야곱이 그의 출생 사건에서 하나님의 더 큰 계획은 무시하고,
자기 눈앞에 벌어진 사건만 놓고 자신을 패배자라고 느낀 것은
타락한 아담으로부터 물려받은 '투쟁적 경쟁 관계'에 근거해서
느끼고 생각하고 판단했기 때문이다. 어쨌건 야곱의 출생 사건은
그에게 패배와 거절감을 경험하는 충격적 사건이었으며, 자신은
패배자라는 거짓 믿음으로 암호화되어 그의 마음속에 저장되었다.

　　문제의 핵심은 야곱이 자기의 마음속에 암호화되어 저장된
거짓 믿음에 의해서 앞으로 자기가 경험하는 모든 사건들을 느끼고
생각하고 행동한다는 사실이다. 상처의 치유는 사실이 아닌 것을
사실로 받아들여서 우리 안에 암호화되어 기억된 '잘못된 믿음의
체계'를 드러내어서 바로잡는 것이다. 따라서 내적 치유의 핵심은
증상을 치유하는 것이 아니라, 그 증상을 유발하는 마음속에 저장된
거짓된 믿음의 체계를 바로잡는 것이기 때문에 결과적으로 성령의
도우심이 절대적으로 필요한 마음의 문제이다.

치유되지 않은 상처가 유발하는 증상들

　　치유되지 않은 상처와 거절 감정은 그와 유사한 상황이
발생할 때마다 활성화되어서 또 다른 상처와 거절과 폭력 증상으로

나타난다. 이런 증상은 크게 두 종류로 분류할 수 있다. 하나는, 자기를 거절하는 자기 학대 증상으로 나타난다. 자기 거절 증상은 대체로 다음과 같다.

슬픔

자기 연민

자기 증오

무관심 (냉담)

불안정감

실패에 대한 두려움

수치감

낙심

절망

다른 하나는, 타인을 거절하는 타인에 대한 학대와 공격으로 나타난다. 타인 거절 증상은 대체로 다음과 같다.

자만심

궤변

고집

우월감

경쟁심

군림

완고함

조종

배우려 하지 않음

망상
적개심과 원망
비판
지배욕과 소유욕

상처받은 자신을 위로하라

　상처받은 자신을 위로하는 것은 자신의 마음속에 거짓 믿음으로 암호화되어 저장된 기억을 드러내어 해체시키는 과정이다. 자신이 상처 받고, 거절당했던 환경으로 돌아가서, 거기서 아파하고 고통스러워하는 자신을 발견하고 위로하라. 야곱처럼 모태에서 받은 상처와 거절감, 탄생 과정에서 받은 상처와 거절감, 성장 과정에서 가족과 주위 사람들로부터 받은 상처와 거절감, 삶의 현장에서 주위 사람들로부터 받은 조롱, 비난, 부당한 대우, 무시당함, 실패로 인하여 받은 상처와 거절감을 찾아서 거기서 아파하고 힘들어하는 자신을 위로해야 한다.

　첫 번째는, 상처받은 자신을 위로하는 데 있어서 무엇보다도 중요한 것은 자신이 거절당하고 상처를 받았던 그 상황에서 사실이 아닌 거짓에 근거해서 암호화되어 저장된 기억의 잘못된 근거를 찾아서 자기 안에 내재화되어 있는 '거짓된 믿음의 체계'를 해체시키는 것이다.

하나님은 누구도 차별하지 않으신다. 하나님은 누구도 거절하지 않으신다. 이것은 창세기에서부터 시작하여 성경 전체에 일관되게 반복하여 강조하는 복음의 메시지이다. 그런데 타락한 아담은 하나님께 거절당했다는 '트라우마 기억'을 가지고 있다. 이것이 아담 이후에 타락한 사람들이 공통적으로 가지고 있는 '거짓 믿음의 체계'이다. 하나님의 계시의 말씀으로 우리 안에 내재되어 있는 '거짓 믿음의 체계'를 해체시켜야 한다. 그렇게 하기 위한 구체적인 방법은 '거짓 믿음의 체계'에 근거해서 세상의 모든 현상을 투쟁적 경쟁구도로 느끼고 생각하고 행동하는 데서 벗어나서 하나님의 사랑의 관점에서 느끼고 생각하고 행동해야 한다.

세상에서 경험하는 모든 사건을 하나님의 관점에서 느끼고 생각하고 행동하기 위해서는 무엇보다도 먼저, 하나님의 사랑으로 자신을 대해야 한다. '자기 거절'이 아니라 하나님의 사랑으로 상처와 거절감으로 인해서 아파하고 고통스러워하는 자신을 위로하라. 하나님은 내가 말하기 전에 나의 상처와 고통을 아시고, 내가 아파하고 힘들어하는 고통의 현장에 찾아오신다.

고난 가운데서 상처받고 고통스러워하는 자들을 찾아가시는 하나님의 사랑은 창세기에서도 여러 군데 발견할 수 있다.

하나님은 남편의 사랑을 받지 못하고 거절당하고 무시당하면서 아파하고 고통스러워하는 레아의 모든 상황을 보고 계셨다. 그리고 그의 고통을 위로하시고, 은혜를 주셨다.

"여호와께서 레아가 사랑 받지 못함을 보시고, 그의 태를 여셨으나 라헬은 자녀가 없었더라"(창 29:31).

하나님은 야곱이 라반에게 부당한 대우를 받고 있는 삶의 현장을 다 보고 계셨다. 그리고 그의 억울함을 아시고, 그에게 정당한 보상을 약속하셨다.

"이르시되 네 눈을 들어 보라. 양 떼를 탄 숫양은 다 얼룩무늬 있는 것, 점 있는 것과 아롱진 것이니라. 라반이 네게 행한 모든 것을 내가 보았노라"(창 31:12).

하나님은 공의의 하나님이시며, 사랑의 하나님이시다. 하나님은 어느 누구도 차별하지 않으시고, 거절하지 않으신다. 사탄의 거짓에 속지 말라. 우리 안에 암호화되어 저장되어 있는 '거짓 믿음의 체계'에 속지 말라. 하나님의 사랑으로 자신을 대하라. 하나님의 사랑으로 상처 때문에 아파하고 고통당하는 자신을 위로하라.

두 번째는, 거짓 믿음에 속아서 상실했던 자신의 참된 '자아상'과 '존재감'을 회복하는 것이다. 하나님의 사랑 안에서 상처 받고 거절당함으로 상실했던 자신의 자존감을 회복하고, 하나님의 사랑으로 자신을 축복하라. 그랄 사람들은 이삭이 복을 받고 번성하게 되는 것을 시기하여 그를 그들의 땅에서 쫓아내고, 이삭이 우물을 팔 때마다 가서 빼앗았다. 이삭은 그랄 사람들에게 철저하게 거절당하고, 약탈당하고, 부당한 대우를 받았다. 그렇지만 하나님은 이삭이 그랄 사람들로부터 당한 모든 거절과 약탈과 부당한 대우를 보고 계셨다.

"그 밤에 여호와께서 그에게 나타나 이르시되, 나는 네 아버지 아브라함의 하나님이니 두려워하지 말라. 내 종 아브라함을 위하여 내가 너와 함께 있어 네게 복을 주어 네 자손이 번성하게 하리라 하신지라" (창 26:24).

하나님의 약속이 있은 후에 블레셋 왕 아비멜렉이 그의 참모들을 데리고 와서 이삭과 화해를 요청하면서 이삭에게 이런 고백을 하였다.

"그들이 이르되, 여호와께서 너와 함께 계심을 우리가 분명히 보았으므로, 우리의 사이 곧 우리와 너 사이에 맹세하여 너와 계약을 맺으리라 말하였노라. 29) 너는 우리를 해하지 말라. 이는 우리가 너를 범하지 아니하고 선한 일만 네게 행하여 네가 평안히 가게 하였음이니라. 이제 너는 여호와께 복을 받은 자니라"(창 26:28-29).

하나님의 사랑의 빛이 우리 마음속을 비출 때 우리 안에 내재되어 있던 '거짓 믿음의 체계'는 어두움이 사라지듯이 해체된다. 사탄이 심어 놓은 거짓 믿음에 속지 말고, 하나님께서 약속하신 진리의 복음이 거짓으로 왜곡된 자신의 마음을 치료하게 하라. '여호와께서 너와 함께 계심을 우리가 분명히 보았도다' 그리고 하나님의 사랑으로 자신을 축복하라. '이제 너는 여호와께 복을 받은 자니라'

치유를 위한 점검과 기도

1. 야곱은 패배자가 아님에도 불구하고, 자신은 패배자라는 잘못된 믿음으로 암호화되어 저장된 트라우마 기억으로 인해 자신을 힘들게 하고, 가족들에게 더 큰 상처를 주었습니다. 주위에서 야곱처럼 치유 받지 못한 상처가 가족들(배우자, 자녀들)에게 고통을 주고, 그 상처를 물려준 경우가 있는지 점검해 봅시다. 그리고 결혼과 출산 준비에서 상처의 치유가 얼마나 중요한지 얘기해 봅시다.

2. 죽음의 위협 앞에서 아버지로부터, 남편으로부터 사랑과 존중을 받지 못하고 죽음의 자리로 내몰린 야곱의 아내들과 자식들의 거절감과 분노는 어떤 것이었는지 생각해 봅시다(창 33:1-2절 참조). 자신은 그것과 유사한 거절감을 경험한 적이 없는지 점검해 봅시다.

3. 치유되지 않은 야곱의 아들들의 상처는 다른 사람들에 대한 폭력으로 나타났습니다. 우리 주위에서 발생하는 이와 유사한 형태의 폭력 사례들을 이야기해 봅시다. 그리고 자신의 치유되지 않은 상처가 유발하는 거절과 학대와 폭력의 증상들은 어떤 것인지 점검해 봅시다.

4. 야곱이 출생과정에서부터 경험한 상처의 근원은 무엇이며, 그것이 어떻게 거짓 믿음으로 암호화되었는지 설명해 봅시다. 그리고 우리의 무의식 속에 저장된 기억도 드러내어 보게 하시는 성령의 도우심을 구하면서, 우리 안에 거짓 믿음으로 암호화되어 기억된 상처는 없는지 점검해 봅시다.

5. 우리 안에 거짓된 믿음에 근거하여 암호화되어 저장된 잘못된 믿음의 체계를 해체시키고, 하나님께서 창조하실 때 우리에게 주신 참된 자아상과 존재감이 회복되기를 기도합시다.

청 지 기
영성훈련
특   강

Chapter Six

6
다른 사람의
상처를 위로하라

베냐민에게 집착하는 야곱의 트라우마

아버지의 마음을 경험한 유다

자신의 불의함을 경험한 유다

아버지의 아픔에 공감하는 유다

하나님을 바라볼 때 진정한 용서와 화해가 이루어진다

다른 사람의 상처를 위로하라

다른 사람의
상처를 위로하라

6

　　하나님은 우주 만물을 선하고 아름답게 창조하셨다. 창조자 하나님은 피조물들 중에 어느 누구도 고난 가운데서 고통당하는 것을 기뻐하시지 않는다. 피조물들이 고통당하는 것은 창조자 하나님의 뜻이 아니다. 그렇기 때문에 하나님은 피조물들이 고통당하는 것을 모른 체 방관하시지도 않는다. 하나님은 자신의 피조물들이 괴로워하고 고통당하는 여러 가지 환경에 적극적으로 개입하신다. 그리고 그 고난과 아픔을 위로하시고, 은혜를 주시고, 치료하신다. 하나님은 야곱의 아내 레아가 남편으로부터 차별을 당하고, 사랑 받지 못하는 고통과 아픔을 지켜보고 계셨을 뿐만 아니라, 그에게 찾아가서 은혜를 베푸셨다(창 29:31). 야곱이 외삼촌 라반으로부터 여러 번 속고, 무시당하는 억울함을 지켜보시고 야곱의 삶의 현장에 적극적으로 개입하셔서 야곱의 상처를 위로하시고, 은혜를 베푸셨다(창 31:12). 하나님은 우리를 고통 가운데 버려두시는 분이 아니라, 적극적으로 찾아오시고,

위로하시고, 치료하시는 분이다.

하나님으로부터 상처를 위로 받고 치유 받은 사람들에게는 하나의 중요한 사명이 주어진다. 자신이 경험한 하나님의 사랑과 위로로써 다른 사람들의 고통을 공감하고, 위로하는 사명이다. 상처로 인하여 고통당하는 사람들에게는 자신이 해결하기 힘든 나름대로의 원인을 가지고 있기 때문에, 그 사람들이 아파하고 고통스러워하는 모습을 판단하고, 정죄할 것이 아니라, 그들의 아픔에 공감하는 것이 필요하다. 그리고 때로는 주위의 사람들을 힘들게 하는 사람들의 잘못을 용서하고, 그들의 고통을 위로해야 한다. 이것이 하나님께서 우리의 상처를 위로하시고 치료하신 이유 중의 하나이다. 하나님의 사랑으로 다른 사람의 잘못을 용서하고, 하나님의 위로로써 다른 사람들의 고통을 위로하라고 하나님께서 우리에게 위로와 치료의 은혜를 주신 것이다.

베냐민에게 집착하는 야곱의 트라우마

야곱의 아들들은 아버지가 편애하는 요셉을 참을 수가 없었다. 아버지의 편애로 인하여 차별당하는 형들의 분노에 기름을 부은 사건이 있었다. 요셉이 형들에게 자기가 꾼 꿈 이야기를 한 것이다. 자기가 밭에서 곡식을 묶는데 자신의 단은 일어서고 형들의 단은 자기 단에 절하는 것이었다. 이와 같은 내용의 꿈을 한 번 더 꾸고, 그 내용도 형들에게 다 얘기하였다. 형들은 그렇지 않아도 요셉에 대한 아버지의 편애를 참기 힘든 상황이었는데, 요셉의 꿈 이야기는 형들의 분노가 폭력으로 폭발하게 만든 직접적인 원인이 되었다.

형들에게는 요셉의 꿈이 이루어진다고 생각하면 온 몸에 소름이 끼칠 정도로 몸서리쳐지는 상황이었다. 형들의 입장에서 보면, 자기들이 요셉을 섬기는 상상조차도 하기 싫은 상황을 사전에 방지하는 유일한 방법은 요셉을 죽여서 없애는 것이었다. 그것만이 요셉의 꿈이 이루어지지 못하도록 원천 차단하는 방법이었다. 이런 이유로 형들은 요셉을 죽여 없앨 기회를 보고 있었는데, 그 기회가 찾아온 것이다. 요셉이 아버지의 심부름으로 먼 들판에서 양을 치던 형들을 찾아온 것이다(창 37장). 형들은 이 기회를 놓칠 수가 없었다. 멀리서 요셉이 오는 것을 발견한 형들은 요셉을 죽여서 구덩이에 던져버리기로 계획을 세웠다. 그런데 맏형인 르우벤은 요셉의 생명을 구원할 목적으로 중재안을 제시했다. 요셉을 죽이지는 말고 그냥 구덩이에 던져서 거기서 스스로 죽게 하자는 것이었다. 르우벤의 중재로 요셉은 죽음을 면한 채 구덩이에 던져졌다.

그리고 얼마간의 시간이 흘러서 르우벤이 없는 사이에 르우벤의 숨은 계획을 알 리가 없는 유다가 다른 중재안을 제시하였다. 우리가 동생을 죽인들 우리에게 무슨 유익이 있겠는가? 우리가 원하는 첫 번째는 아버지가 요셉을 편애하는 것을 보지 않는 것이고, 두 번째는 그의 꿈이 이루어지는 것을 막는 것이 아니냐? 그러니까 요셉의 생명에는 손을 대지 말고, 그를 노예로 팔아버리자. 그렇게 하면 우리가 그의 생명을 죽이는 일은 하지 않으면서도 우리의 목적은 충분히 달성할 수 있는 것이 아니냐? 유다의 중재안에 동의한 형제들이 요셉을 애굽에 노예로 팔아버렸다.

야곱의 아들들은 아버지에게는 요셉이 죽었다고 거짓말을 했다. 요셉이 입었던 채색 옷에 염소의 피를 발라서 요셉이 맹수들에게 찢겨서 죽은 것처럼 꾸며서 아버지에게 보고했다. 그 전후 상황은 다 알지 못하지만, 야곱의 입장에서 보면, 요셉이 죽은 것만은 분명한 사실로 믿을 수밖에 없었다. 요셉의 형들이 저지른 악행은 완전범죄로 끝나는 듯했다. 야곱에게는 자기가 생명처럼 사랑하는 요셉을 잃은 아픔과 슬픔이 그의 가슴에 지울 수 없는 상처를 남겼다. 야곱은 요셉을 잃은 슬픔과 고통을 가슴에 안고 하루하루를 힘들게 살아갈 수밖에 없었다. 이렇게 해서 자신의 생명처럼 사랑하는 아들 요셉을 잃은 사건은 아버지 야곱에게 잊혀질 수 없는 '트라우마 기억'으로 저장되고 말았다.

야곱이 요셉을 잃은 사건은 야곱 자신에게만 상처로 남은 것이 아니다. 야곱의 가족 모두에게 고통을 주는 비극적인 사건이었다. 야곱이 사랑하는 아들을 잃은 슬픔을 안고 고통의 세월을 보내며 살아가는 집안 분위기에서, 다른 가족들은 기쁘고 행복한 나날을 보낼 수가 있겠는가? 거기에 더해서 요셉의 형들은 아버지의 슬픔과 고통을 날마다 지켜보면서 자기들이 저지른 악행에 대한 죄책감에 시달릴 수밖에 없었을 것이다.

요셉의 형들은 아버지의 편애로 자기들이 당하는 현재의 아픔과 고통뿐만 아니라, 요셉의 꿈 이야기를 듣고 미래에 당할지도 모를 아픔과 고통을 생각하니 도저히 견딜 수가 없었다. 그래서 그들이 미래에 당할지도 모를 아픔과 고통을 제거하기 위해서 요셉을 팔아버린 행동은 요셉과 아버지 야곱뿐만 아니라, 자신들을 포함한 가족 모두를 슬픔과 고통 속에서 살아가는 패배자로 만들어버렸다.

세월이 흘러서 야곱의 가정에 휘몰아쳤던 슬픔과 고통의 폭풍우가 지나가고 겉으로나마 평상시의 분위기를 회복할 즈음에 요셉을 잃은 트라우마를 활성화시켜서 가족 전체의 생존을 힘들게 만드는 사건이 발생했다. 온 땅에 기근이 심해서 사람들이 양식을 구할 수가 없었다. 야곱의 가족들이 살고 있는 가나안 땅도 예외가 아니었다. 이런 위기 상황에서 애굽에는 양식이 많이 있다는 소문이 가나안 땅에 살고 있던 야곱에게까지 들렸다. 야곱은 생존을 위해서 아들들에게 애굽에 가서 양식을 사오라고 보낸다.

야곱이 양식을 사기 위해서 아들들을 애굽으로 보내는 과정에서 한 가지 특이한 행동을 보인다.

> "요셉의 형 열 사람이 애굽에서 곡식을 사려고 내려갔으나, 4) 야곱이 요셉의 아우 베냐민은 그의 형들과 함께 보내지 아니하였으니, 이는 그의 생각에 재난이 그에게 미칠까 두려워함이었더라"(창 42:3-4).

야곱은 애굽에 양식을 사러 열 명의 아들들을 보내면서 베냐민은 함께 보내지 않았다. 베냐민은 야곱이 사랑하는 아내 라헬이 낳은 요셉의 동생이었다. 요셉을 잃은 야곱의 상처가 그의 동생인 베냐민에 대한 집착으로 나타난 것이다. 요셉을 잃은 트라우마 기억 때문에 야곱은 베냐민을 자기의 품에서 내 놓을 수가 없었다.

베냐민도 잃을지 모른다는 불안과 두려움이 야곱의 마음을 짓누르고 있었다.

야곱이 베냐민을 자기 품에서 내놓을 수 없다는 집착이 그의 가족들에게 또 다른 갈등과 고통의 요인으로 작용하였다. 애굽에 양식을 사러 간 요셉의 형들에게는, 그들이 전혀 인식하지도 못하는 사이에, 그들이 상상하지 못한 일들이 벌어지고 있었다. 요셉의 형들은 주위의 여러 지방에서 양식을 사러 애굽에 온 무리들 중에 섞여서 양식을 파는 애굽의 총리에게 땅에 엎드려 절을 하였다. 그 순간 요셉은 자기 형들을 알아보았다(창 42:6-7). 그러나 요셉의 형들은 자기들이 엎드려 절한 애굽의 총리가 요셉이라는 사실을 꿈엔들 생각이나 했겠는가? 이제부터 요셉의 형들은 철저하게 불공정한 게임을 할 수밖에 없었다.

요셉은 양식을 사러 온 자기 형들을 정탐꾼이라고 몰아붙였다. 정탐꾼으로 의심을 받은 요셉의 형들은 자기들이 정탐꾼이 아니라 진실로 양식을 사러 온 사람들이라는 것을 입증해야 할 책임이 주어졌다. 자기들의 진실성을 입증하려고 애쓰는 과정에서 자기들의 가족사를 다 이야기하였다.

> "그들이 이르되, 당신의 종 우리들은 열두 형제로서, 가나안 땅 한 사람의 아들들이라. 막내아들은 오늘 아버지와 함께 있고, 또 하나는 없어졌나이다"(창 42:13).

요셉의 추궁에 그들은 자기들의 가장 약점인 요셉과 베냐민의 존재를 얘기하고 말았다. 요셉의 입장에서 보면, 형들을 정탐꾼이라고 몰아붙인 목적을 달성한 것이다.

요셉은 그들이 실토한 베냐민의 존재를 지렛대로 삼아서 형들의 마음을 테스트하기 시작한다.

> "너희는 이같이 하여 너희 진실함을 증명할 것이라. 바로의 생명으로 맹세하노니, 너희 막내아우가 여기 오지 아니하면, 너희가 여기서 나가지 못하리라"(창 42:15).

형제들 중에서 한 사람을 보내어서 막내아우를 데리고 옴으로써 그들의 진실성을 입증하라고 요구하면서 그들을 감옥에 가두어버렸다. 요셉이 요구한 대로 아홉 명은 애굽에 인질로 갇혀있는 상태에서 한 명을 보내어서 아버지 야곱에게 베냐민을 애굽으로 데리고 가겠다면, 야곱이 순순히 허락할 수 있겠는가? 그것이 불가능한 일이라는 사실을 그들 자신이 너무나 잘 알고 있다. 그래서 그들은 아무것도 할 수 없는 상황에서 3일 동안 감옥에 갇혀 있을 수밖에 없었다.

3일 후에 요셉은 형들을 감옥에서 석방하여 주면서 새로운 제안을 한다. 양식을 가지고 가서 기근에 굶주린 가족의 생명을 구하고, 그 후에 막내아우를 데리고 와서 그들의 진실성을 입증하라고 요구한다. 그러면서 한 사람은 애굽에 인질로 잡아두었다. 형들의 입장에서 보면 이것도 대단히 억울하고 고통스런 제안이 아닐 수 없지만, 그들로서는 선택의 여지가 없었다.

형들을 테스트하는 과정을 통해서 요셉은 대단히 중요한 결과를 얻었다.

"그들이 서로 말하되, 우리가 아우의 일로 말미암아 범죄하였도다. 그가 우리에게 애걸할 때에 그 마음의 괴로움을 보고도 듣지 아니하였으므로, 이 괴로움이 우리에게 임하도다. 22) 르우벤이 그들에게 대답하여 이르되, 내가 너희에게 그 아이에 대하여 죄를 짓지 말라고 하지 아니하였더냐? 그래도 너희가 듣지 아니하였느니라. 그러므로 그의 핏값을 치르게 되었도다 하니"(창 42:21-22).

요셉의 형들은 억울하게 모함을 받고 감옥에 갇히는 고난을 통해서 요셉을 노예로 팔아버린 그들의 죄를 스스로 실토하게 되었다. 그리고 그들이 당하는 고통을 통해서 요셉의 고통이 어떠했을지를 느끼면서, 잔인하게 행동했던 그들의 잘못을 깨닫고 뉘우치게 되었다.

시므온을 애굽에 인질로 남겨둔 채 양식을 가지고 가나안으로 돌아온 야곱의 아들들은 베냐민을 애굽으로 데리고 가야만 하는 해결할 수 없는 숙제를 안고 있었다. 지금까지는 그들이 요셉의 일로 아버지를 속이고 있었지만, 이제는 눈앞에 던져진 숙제를 해결하기 위해서는 아버지를 속일 수 있는 방법조차도 그들에는 남아 있지 않았다. 그래서 그들은 애굽에서 겪었던 모든 일들을 있는 그대로 상세하게 야곱에게 이야기했다. 그렇지만 야곱은 그들의 진실성을 있는 그대로 받아들일 수가 없었다.

"그들의 아버지 야곱이 그들에게 이르되, 너희가 나에게 내 자식들을 잃게 하도다. 요셉도 없어졌고 시므온도 없어졌거늘, 베냐민을 또 빼앗아 가고자 하니, 이는 다 나를 해롭게 함이로다"(창 42:36).

'이는 다 나를 해롭게 함이로다'라는 말은 야곱이 자신의 분노를 자식들에게 폭발시키는 표현이다. 야곱의 입장에서는 아들들의 진실성을 믿고 이해할 수 없었을 뿐 더러, 모두가 자기를 괴롭히기로 작정하고 아들을 하나씩 죽이는 살인적 폭력집단으로 보이는 것이다. 야곱은 그들이 하는 모든 행동은 자신을 괴롭히는 것밖에 없다고 생각하면서 자식들을 탓하고 원망하고 화를 내고 있다. 애굽 총리에게 막내 동생이 있다고 얘기한 것조차도 결과적으로 자신을 괴롭히는 것밖에 더 되느냐고 아들들에 대해서 치밀어 오르는 자신의 분노를 폭발시키고 있다(창 43:6). 쉽게 표현하면 이런 말이다: '모두 다 원수 같은 놈들이야! 나를 잡아먹지 못해서 아주 안달이 났구나!'

형들의 입장에서 보면, 세상에 이런 억울한 일이 또 어디에 있겠는가? 애굽에서는 정탐꾼으로 오해를 받아 고생을 하였고, 가나안으로 돌아와서는 아버지로부터 형제들을 죽여 없애는 살인집단으로 오해를 받고 있으니 말이다. 양쪽으로부터 극단적 오해를 받고 있는 상황을 어떻게 풀어야 되겠는가? 이 문제를 풀지 않고서는 기근으로 인하여 가족들의 생명조차도 보존할 수 없는 극단적인 상황이 된 것이다.

이런 상황에서 제일 맏형인 르우벤이 자신의 진실성을 입증하기 위해서 아버지에게 극단적인 제안을 한다.

"르우벤이 그의 아버지에게 말하여 이르되, 내가 그를 아버지께로 데리고 오지 아니하거든 내 두 아들을 죽이소서. 그를 내 손에 맡기소서.

내가 그를 아버지께로 데리고 돌아오리이다"(창 42:37).

르우벤은 자신의 두 아들의 생명을 담보로 하여 베냐민을 보내달라고 간청하지만, 야곱은 그 말조차도 전혀 믿을 수가 없었다.

"야곱이 이르되, 내 아들은 너희와 함께 내려가지 못하리니, 그의 형은 죽고 그만 남았음이라. 만일 너희가 가는 길에서 재난이 그에게 미치면, 너희가 내 흰 머리를 슬퍼하며 스올로 내려가게 함이 되리라"
(창 42:38).

요셉을 잃은 아픈 상처가 여전히 그를 괴롭히고 있기 때문에, 베냐민에 대한 야곱의 집착은 건드릴수록 더 강해질 수밖에 없는 상황이다. 야곱의 입장은 분명하다. 어떤 경우에도 베냐민을 내놓을 수는 없다는 것이다.

 간단히 정리하면, 야곱과 그의 아들들은 외나무다리에서 생명을 건 결투를 벌이고 있는 것이다. 야곱은 어떤 경우에도 베냐민을 애굽으로 보낼 수 없었다. 그러나 요셉의 형들은 무슨 수를 써서라도 베냐민을 애굽으로 데리고 가야만 한다. 그렇지 않고서는 애굽에 인질로 잡혀 있는 시므온뿐만 아니라, 가나안에 있는 가족 전체의 생명을 기근에서 구할 길이 없는 절박한 처지에 놓인 것이다. 베냐민을 중간에 두고 야곱과 아들들 사이에서 생명을 걸고 벌어지는 갈등을 그들은 어떻게 해결할 수 있을까?

아버지의 마음을 경험한 유다

야곱과 요셉의 형들 사이에서 도저히 풀어질 수 없는 갈등을 풀어가는 과정에서 핵심적 역할을 한 아들은 야곱과 똑같이 아들을 잃은 아픔을 경험했던 유다였다.

요셉을 노예로 팔아버린 후에 유다는 형제들로부터 떨어진 지역에 정착하여 살면서 결혼하고 아들 셋을 낳았다(창 38:1-5). 유다는 장자 엘을 위하여 다말이라는 여인을 며느리로 데리고 왔다. 다말과 결혼한 유다의 장자 엘은 후사를 낳지 못하고 일찍 죽어버렸다.

> "유다의 장자 엘이 여호와가 보시기에 악하므로 여호와께서 그를 죽이신지라"(창 38:7).

엘이 죽자 유다는 가나안의 풍습을 따라서 둘째인 오난에게 형수에게 들어가서 형의 이름으로 후사를 잇게 한다. 하지만 오난의 행위가 하나님 보시기에 의롭지 못해서 그도 죽임을 당한다(창 38:9-10).

며느리 다말에게 들어간 두 아들이 죽임을 당하자 유다의 마음속에는 다말에 대한 두려움과 의구심이 생길 수밖에 없었다. 순리대로 하자면, 첫 번째에 이어서 두 번째 아들도 후사를 잇지 못하고 죽었으니, 세 번째 아들인 셀라를 다말에게 남편으로 주어야 한다. 그러나 유다는 그렇게 할 수가 없었다. 그랬다가는 셀라마저 죽을 수 있다는 두려움이 그의 마음을 지배하고 있었다.

"유다가 그의 며느리 다말에게 이르되, 수절하고 네 아버지 집에 있어 내 아들 셀라가 장성하기를 기다리라 하니, 셀라도 그 형들 같이 죽을까 염려함이라. 다말이 가서 그의 아버지 집에 있으니라"(창 38:11).

세 아들 중에서 마지막 하나 남은 아들마저도 잃을 수 있다는 두려움 때문에 유다는 셀라를 주기를 주저하고 다말에게 자기 아버지 집으로 가서 셀라가 장성하기를 기다리라고 말한다. 겉으로 내세운 명분은 아직 셀라가 어리다는 이유이지만, 유다의 진심은 셀라마저 잃을 수 있다는 두려움 때문에 그를 다말에게 줄 수 없었다.

여기서 유다와 며느리 다말 사이에서 벌어지는 마음의 갈등을 한번 생각해보자. 다말 입장에서 보면, 세상에 이런 억울한 일이 어디에 있겠는가? 남편으로 맞이한 엘과 오난이 죽임을 당한 것은 다말의 책임이 아니다. 분명한 것은 그들의 행동이 악했기 때문에 여호와께서 그들을 죽인 것이다. 그런데 다말은 남편들이 죽은 것에 대한 책임에서 자유로울 수 없는 상황에 몰리고 말았다. 간단히 말하자면, 다말은 남편을 잡아먹는 여인이라는 누명을 쓰고 자기 아버지 집으로 돌려보내졌다. 여인으로서 이것보다 더 견디기 힘든 억울함이 어디에 있겠는가? 결혼하고 남편이 일찍 죽은 것도 세상에서 위로 받기 힘든 고통인데, 자기가 당한 아픔과 고통에 대한 위로는 고사하고, 남편을 죽이는 여인으로 누명까지 뒤집어쓰고 쫓겨났으니 말이다.

그렇다고 유다를 탓할 수도 없는 상황이다. 유다의 입장에서 보면 멀쩡한 두 아들이 다말에게 들어가서 죽음을 당했다. 두 아들을 잃은 아버지의 입장에서 세 번째 아들을 선뜻 그 여인에게 남편으로 줄 수가 있겠는가? 유다의 입장에서는 다말을 의심하지 않을 수가 없었다. 유다는 하나 남은 아들을 지키기 위해서 다말을 돌려보냈다.

베냐민을 중간에 두고 야곱과 요셉의 형들 사이에 벌어지는 것과 똑 같은 오해와 갈등과 아픔이 셀라를 중간에 두고 유다와 며느리 다말 사이에 벌어졌다. 이 과정에서 유다는 아들을 내놓을 수 없는 아버지의 마음을 절절히 경험하였다.

다말의 존재는 유다에게는 벗어 던질 수 없는 고통이었다. 다말이 살아 있는 한 셀라를 위해서 다른 여인을 며느리로 데리고 올 수 없는 상황이다. 그렇다고 셀라를 다말에게 줄 수도 없었다. 두 아들을 잃고, 마지막 남은 한 아들을 지키고자 발버둥치는 아버지 유다의 마음을 누가 탓할 수 있겠는가?

자신의 불의함을 경험한 유다

아들을 잡아먹는 며느리 다말로 인해서 고통스러운 세월을 보내고 있는 유다에게 이 모든 마음의 고통과 짐을 덜어낼 수 있는 기쁜 소식이 들려왔다. 며느리 다말이 부정한 행동을 하여 임신하였다는 소식을 들었다.

"석 달쯤 후에 어떤 사람이 유다에게 일러 말하되, 네 며느리 다말이 행음하였고, 그 행음함으로 말미암아 임신하였느니라. 유다가 이르되 그를 끌어내어 불사르라"(창 38:24).

며느리의 부정한 소식을 듣자 유다는 조금의 지체함도 없이 단호한 처방을 내린다. '그를 끌어내어 불사르라' 이것은 지금까지 유다가 다말로 인해서 얼마나 큰 고통 가운데 있었는지를 단적으로 보여주는 행동이다. 다말이 죽으면, 유다의 잠재적인 고통과 짐은 깨끗이 사라진다. 어쩌면 유다는 이런 날이 오기를 마음속으로 고대하고 있었는지도 모른다. 유다가 이 기회를 놓칠 리가 있겠는가? 유다는 다말이 겪었을 고통과 아픔을 생각할 겨를도 없이, 자신의 고통과 아픔을 털어내기에 급급했다.

전후 사정은 조금도 알아볼 생각도 하지 않고, 시아버지로부터 부정한 행실을 이유로 불살라 죽이라는 말을 들은 며느리 다말의 심정은 어떠했겠는가? 사실 이 모든 사건은 시아버지로부터 너무나 억울한 대접을 받고 있다고 생각한 며느리 다말이 자신의 억울함과 누명을 벗기 위해서 의도적으로 만들어낸 사건이었다(창 38:13-18).

다말은 시아버지의 말대로 셀라가 장성하기를 기다리고 있었다. 그러나 유다는 셀라가 장성했음에도 불구하고 그를 다말에게 남편으로 주지 않았다. 유다의 행동을 너무나 부당하게 생각한 다말은 자기의 억울함을 풀기 위해서 자신을 창녀로 위장하여서 유다로 말미암아 임신을 하는 극단적인 행동을 한 것이다. 그것도 모르고 유다는 다말의 부정한 소식을 듣자 말자 기다렸다는 듯이 그녀를 불살라 죽이라고 말한 것이다. 다말의 입장에서 보면, '불살라 죽이라'는 유다의 말은 충격이 아니라, 그의 본심을 확인하고 자신의 행동이 옳았다는 것을 확인시키는 것에 지나지 않았을 것이다.

남편을 잡아먹는 여인이라는 누명도 부족해서, 이제는 음행을 행하여 아이를 임신까지 한 부정한 여인으로 내몰려서 화형장으로 끌려가는 다말은 자신의 상황을 극적으로 반전시킬 카드를 가지고 있었다.

> "여인이 끌려 나갈 때에 사람을 보내어 시아버지에게 이르되, 이 물건 임자로 말미암아 임신하였나이다. 청하건대 보소서! 이 도장과 그 끈과 지팡이가 누구의 것이니이까 한지라. 26) 유다가 그것들을 알아보고 이르되, 그는 나보다 옳도다. 내가 그를 내 아들 셀라에게 주지 아니하였음이로다 하고, 다시는 그를 가까이 하지 아니하였더라"
> (창 38:25-26).

다말이 던진 카드는 지금까지 유다가 자신을 위장하고 있었던 모든 위선을 한 순간에 다 벗겨버렸다. 유다는 자신의 두 가지 잘못을 스스로 인정하고 고백했다. 하나는, 자기 아들 셀라를 다말에게 남편으로 주지 않은 잘못을 인정했다. 다른 하나는, 자신의 모든 불안과 두려움을 다말의 탓으로 돌려서 해결하고자 했던 자신의 불의함도 인정했다. '그는 나보다 옳도다. 내가 그를 내 아들 셀라에게 주지 아니하였음이로다' 다말의 임신은 유다가 자신의 모든 불의함을 공개적으로 경험하는 사건이었다. 이 상황에서는 '유다가 자신의 불의함을 깨달았다'는 표현보다는 '자신의 불의함을 경험했다'는 말이 더 적절할 것이다. 유다는 자신의 불의함을 깨달은 정도가 아니라, 모든 사람들과 며느리 다말 앞에서 자신의 이중적이고 불의한 행동이 철저하게 드러나고 공개되는 수모를 경험했다.

간단히 정리하면, 유다는 며느리 다말을 통해서 두 가지를
철저하게 확인하고 경험했다. 첫째는 아들들을 잃고 남은 아들에게
집착할 수밖에 없는 아버지의 마음이 어떤 것인지를 뼈저리게
경험했다. 둘째는 자신의 불의함을 철저하게 보게 되었다. 자신의
위선적인 의가 철저하게 벗겨지고, 자기 안에 있는 불의함이
공개적으로 드러나는 뼈아픈 경험을 했다. 자신의 불의함을
경험했다는 것은 인간관계에서 갈등과 아픔을 경험할 때, 자신은
억울한 피해자라고 생각하면서 대부분의 잘못을 다른 사람의 탓으로
돌리는 자기 방어기제가 와해되었다는 것을 의미한다.

아버지의 아픔에 공감하는 유다

야곱과 요셉의 형들이 베냐민을 중간에 놓고 밀고 당기기를
하는 사이 애굽에서 사온 양식은 다 떨어졌다. 야곱은 아들들에게
애굽에 가서 양식을 사오라고 말한다. 하지만 요셉의 형들은
베냐민을 함께 보내지 않으면 결코 갈수 없다고 버틴다.

> "아버지께서 우리 아우를 우리와 함께 보내시면 우리가 내려가서
> 아버지를 위하여 양식을 사려니와, 5) 아버지께서 만일 그를 보내지
> 아니하시면 우리는 내려가지 아니하리니, 그 사람이 우리에게 말하기를
> 너희의 아우가 너희와 함께 오지 아니하면 너희가 내 얼굴을 보지
> 못하리라 하였음이니이다"(창 43:4-5).

요셉의 형들이 쓸데없이 고집을 피우는 것이 아니라, 실제로

베냐민을 데리고 가지 않으면 요셉 앞에 설수 없는 상황이었다. 그러니 그들로서는 아무리 양식이 급하다고 해도 베냐민을 데리고 가지 않고서는 갈 수가 없었다. 이 상황에서 베냐민을 지키려는 야곱이나, 베냐민을 함께 보내라고 요구하는 요셉의 형들이나 답답하기는 마찬가지이다. 이 문제가 해결되지 않고서는 한 발짝도 앞으로 나아갈 수 없었다.

야곱과 아들들 사이에 밀고 당기는 갈등의 시간이 얼마나 길고 힘든 과정이었는지를 성경은 이렇게 말한다.

"우리가 지체하지 아니하였더라면 벌써 두 번 갔다 왔으리이다" (창 43:10).

애굽에 두 번이나 갔다 올 시간 동안 베냐민을 놓고 끈질긴 줄다리기가 계속되었다. 그 사이에 양식을 다 떨어지고, 온 가족이 기근으로 인하여 죽음에 내몰리게 되었다.

온 가족이 죽음에 내몰린 상황에서, 두 아들을 잃은 후에 남은 아들에게 집착할 수밖에 없었던 아버지의 아픔을 뼈저리게 경험한 유다가 베냐민에게 집착하는 야곱에게 간청한다.

"유다가 그의 아버지 이스라엘에게 이르되, 저 아이를 나와 함께 보내시면 우리가 곧 가리니, 그러면 우리와 아버지와 우리 어린 아이들이 다 살고 죽지 아니하리이다. 9) 내가 그를 위하여 담보가 되오리니, 아버지께서 내 손에서 그를 찾으소서! 내가 만일 그를 아버지께 데려다가 아버지 앞에 두지 아니하면 내가 영원히 죄를 지리이다"(창 43:8-9).

유다는 베냐민을 놓으려고 하지 않는 야곱에게, 아버지와 우리와 우리 어린 자녀들이 사는 길은 베냐민을 함께 보내는 것이라고 간곡한 말로 요청한다. 그리고 자신이 베냐민을 위한 담보가 되겠다고 말한다.

베냐민을 위해서 자신이 담보가 되겠다는 말로 아버지를 설득하는 유다의 심정은 어떤 마음이겠는가? 온 가족이 죽음으로 내몰리고 있는데도 베냐민은 놓지 않겠다고 버티는 아버지 야곱을 원망하는 마음이겠는가? 아니면 온 가족이 죽음에 내몰린 상황에서도 베냐민을 내놓지 못하고 그에게 집착할 수밖에 없는 아버지의 처지를 안타까워하는 마음이겠는가? 자신이 담보가 되겠다는 유다의 말은 아버지의 마음을 충분히 공감하지만, 그럼에도 불구하고 그를 보내달라고 말할 수밖에 없는 자신의 마음도 이해해 달라는 간청이다.

간곡한 심정으로 간청하는 유다의 진정성에 공감해서 그런지, 그렇게도 오랜 시간 버티던 야곱이 유다의 말에 마음을 바꾸어서 베냐민을 데려가라고 허락한다. 베냐민을 내놓으면서 야곱은 놀라운 고백을 한다.

"전능하신 하나님께서 그 사람 앞에서 너희에게 은혜를 베푸사, 그 사람으로 너희 다른 형제와 베냐민을 돌려보내게 하시기를 원하노라. 내가 자식을 잃게 되면 잃으리로다"(창 43:14).

자신이 담보가 되겠다는 유다의 말에 베냐민을 내놓으면서 야곱은 유다에게 약속을 지키라는 어떤 다짐도 받지 않는다. 야곱은 유다의 진정성을 느꼈다. 그러나 유다의 능력으로는 베냐민의

<u>안전을 책임질 수 없다는 한계성도 알고 있었다.</u> 야곱은 마음속으로 유다에게 이렇게 말했을 수도 있다. '내가 너의 마음을 모르는 것이 아니다. 네가 아들을 잃고 얼마나 아프고 힘들었는지 나도 알고 있다. 네가 아들을 잃고 싶어서 잃었겠니? 아들의 생명을 지키고 싶었지만 지키지 못한 아비의 무능함과 처절함을 누가 알겠니? 그러니 더 이상 누구를 탓하지 말자. 이제 하나님께 모든 것을 맡기자. 하나님이 살리면 사는 것이고, 하나님이 죽이면 죽는 것이다.'

야곱은 전능하신 하나님을 바라보는 순간, 지금까지 그렇게도 자신을 불안과 두려움에서 힘들게 만들었던 베냐민에 대한 집착에서 자유를 누릴 수 있게 되었다. '내가 자식을 잃게 되면 잃으리로다' 전능하신 하나님께 대한 진실한 믿음의 고백이 야곱으로 하여금 모든 속박과 고통에서 벗어나서 생사를 초월한 자유함을 누리게 만들었다.

이전에 야곱은 자신의 아픔과 고통에 대해서 아들들을 탓하면서 그들을 원망하였다.

"그들의 아버지 야곱이 그들에게 이르되, 너희가 나에게 내 자식들을 잃게 하도다. 요셉도 없어졌고 시므온도 없어졌거늘, 베냐민을 또 빼앗아 가고자 하니, 이는 다 나를 해롭게 함이로다"(창 42:36).

이제는 누구도 원망하지 않을 수 있게 되었다. 비록 유다가 베냐민을 데리고 오지 못한다고 하더라도 야곱은 그 일로 인해서 유다를 탓하거나 원망하지는 않을 것이다.

"전능하신 하나님께서 그 사람 앞에서 너희에게 은혜를 베푸사, 그 사람으로 너희 다른 형제와 베냐민을 돌려보내게 하시기를 원하노라. 내가 자식을 잃게 되면 잃으리로다"(창 43:14).

야곱은 아들들을 탓하는 것이 아니라, 베냐민을 포함한 아들들의 생명이 전적으로 하나님께 달려있다는 것을 고백하고 있다.

야곱에게 일어난 이런 변화가 우리가 경험하는 모든 상처를 치료하는 출발점이다. '너희가 나에게 내 자식들을 잃게 하도다'라고 아들들을 원망하고 탄식하던 야곱이, '내가 자식을 잃게 되면 잃으리로다'라고 고백하게 되었다. 지금까지는 야곱은 자신이 경험한 모든 아픔과 고통에 대해서 아들들을 탓하면서 원망하였지만, 이제는 전능하신 하나님을 바라보면서 하나님께 맡기고 하나님의 은혜를 구하는 단계에까지 이르게 되었다. 하나님의 은혜의 자리로 나아갈 때에 비로소 야곱의 상처는 치유되기 시작한다. 그 과정에서 야곱이 경험했던 것과 똑같은 아픔과 상처를 경험한 유다가 중요한 역할을 하였다.

야곱이 변화되는 사건을 통하여 상처를 치유하는 과정에서 우리가 할 수 있는 역할이 무엇인지를 발견할 수 있다. 우리의 마음속에 깊이 뿌리 박혀 있는 상처를 근본적으로 치료할 수 있는 분은 우리를 창조하신 전능하신 하나님밖에 없다. 우리가 할 수 있는 일은 상처로 인하여 자기 자신도 어떻게 할 수 없는 고통가운데서 아파하고 힘들어하는 사람들의 마음을 위로하고 공감함으로써 그들로 하여금 하나님의 위로를 경험하도록 도와주는 것이다. 하나님의 위로를 경험할 때 비로소 인간의 모든 상처는 치료될 수 있다.

하나님을 바라볼 때 진정한 용서와 화해가 이루어진다

베냐민을 데리고 애굽에 도착한 요셉의 형들에게 그들이 예상하지 못한 또 다른 고난의 시간이 기다리고 있었다. 처음에는 일이 예상외로 잘 풀려가는 듯했다. 베냐민을 요셉 앞에 데리고 옴으로 인해서 그들의 진실성을 입증하여 정탐꾼으로 몰렸던 모든 오해도 해소하였고, 인질로 잡혀있던 시므온도 구출했다. 거기에 더해서 애굽의 총리 공관으로 초청을 받아서 가족의 안부를 묻는 총리와 화기애애한 분위기 속에서 풍성한 오찬을 대접 받았다. 생각지도 못한 환영과 풍성한 대접을 받은 요셉의 형들은 시므온과 베냐민을 데리고 기쁘고 홀가분한 마음으로 아버지 집을 향해 출발하였다.

그러나 일이 잘 마무리되는 듯 한 순간에 모든 것을 원점으로 되돌리는 절망적인 사건이 벌어지고 말았다. 요셉의 청지기가 길을 떠난 요셉의 형들을 따라와서 왜 주인의 은잔을 훔쳐갔느냐고 추궁하였다. 전혀 예상하지도 못한 황당한 추궁을 받은 요셉의 형들은 자신들의 결백을 강력하게 주장하였다.

"우리 자루에 있던 돈도 우리가 가나안 땅에서부터 당신에게로 가져왔거늘, 우리가 어찌 당신의 주인의 집에서 은, 금을 도둑질하리이까? 9) 당신의 종들 중 누구에게서 발견되든지 그는 죽을 것이요, 우리는 내 주의 종들이 되리이다"(창 44:8-9).

요셉의 형들은 자신들의 결백을 주장하면서 도둑질한 장본인은 마땅히 죽음을 당해야 하지만, 자기들도 그 일에 대해서 공동의 책임을 지고 총리의 노예가 되겠다고 약속한다.

요셉의 형들의 말에서 발견할 수 있는 것은 야곱의 아들들이 고난의 시간을 거치면서 그들 사이에 공동체 의식이 강하게 형성되었다는 것이다. 그 이전에는 형제들 사이에서 서로를 시기하고, 폭력을 행사하고, 죽이고 팔아버리는 투쟁적 경쟁 관계에 있었지만, 이제는 아버지 야곱의 생명과 베냐민의 생명이 하나로 묶여 있듯이, 형제간에도 생명이 하나로 묶여 있다는 강한 공동체 의식을 보여주고 있다.

요셉의 형들이 강력한 말로 그들의 결백을 주장하였지만, 절대 일어나서는 안 될 절망적인 사건이 일어나고 말았다. 도둑맞았다고 주장하는 총리의 은잔이 베냐민의 자루에서 발견된 것이다. 그들의 말대로라면, 베냐민은 죽음을 당하고, 그들은 모두 총리의 노예가 될 수밖에 없는 절망적인 상황에 내몰리고 말았다. 지금까지 아버지를 설득하고, 자기들의 결백을 주장하면서 애쓰고 노력했던 모든 것이 일순간에 무너져 내리는 이 절망감을 무슨 말로 표현할 수 있겠는가?

"그들이 옷을 찢고 각기 짐을 나귀에 싣고 성으로 돌아 가니라"
(창 44:13).

유다를 포함한 모든 형제들이 가장 우려했던 일이 기어코 일어나고야 말았다. 유다가 애굽의 총리 앞으로 나아가서 자기들의 모든 죄를 인정하고 고백한다.

> "유다가 말하되, 우리가 내 주께 무슨 말을 하오리이까? 무슨 설명을 하오리이까? 우리가 어떻게 우리의 정직함을 나타내리이까? 하나님이 종들의 죄악을 찾아내셨으니, 우리와 이 잔이 발견된 자가 다 내 주의 노예가 되겠나이다"(창 44:16).

유다의 말 속에 그들이 느끼는 절망감이 고스란히 표현되고 있다. 베냐민을 데리고 가나안을 떠날 때, 아버지 야곱이 말한 대로 하나님께서 은혜를 베풀지 않으면 누구의 안전도 보장할 수 없다는 사실을 절감하는 순간이었다. 그래서 유다도 아버지 야곱과 같은 마음에서 이렇게 고백한다: '하나님이 우리의 죄악을 찾아내셨으니, 우리가 무슨 말로 변명을 하겠습니까? 우리 모두가 죄를 인정하고 당신의 노예가 되겠습니다' 유다의 말 속에는 혹시라도 있을 수 있는 베냐민을 의심하거나 탓하고자 하는 마음은 전혀 없다. 하나님이 우리의 죄를 찾아서 벌하신다면 누가 그것을 막을 수 있겠는가? 하나님이 살리면 사는 것이고, 하나님이 죽이면 죽을 수밖에 없다는 것을 고백하고 있다.

야곱의 아들들을 심문한 요셉은 은잔이 발견된 베냐민만 자기의 종이 되고 나머지는 평안히 아버지께로 돌아가라고 명령한다. 잘못에 대한 형벌로 말한다면 이것보다 더 관대한 형벌은 없겠지만, 요셉의 형들로서는 베냐민이 함께 가지 않는 경우는 상상할 수도 없는 일이었다. 그래서 유다는 자기 가족의 특별한 사정을 말하면서 베냐민이 아버지께로 돌아가지 않으면 안 되는 이유를 요셉에게 간곡한 말로 설명한다.

"아버지의 생명과 아이의 생명이 서로 하나로 묶여 있거늘, 이제 내가 주의 종 우리 아버지에게 돌아갈 때에 아이가 우리와 함께 가지 아니하면, 31) 아버지가 아이의 없음을 보고 죽으리니, 이같이 되면 종들이 주의 종 우리 아버지가 흰 머리로 슬퍼하며 스올로 내려가게 함이니이다"(창 44:30-31).

아버지와 베냐민의 특수한 관계를 설명한 유다는 자신이 이 모든 책임을 지고 벌을 받을 테니 베냐민만은 아버지께로 돌려 보내달라고 간청한다.

"주의 종이 내 아버지에게 아이를 담보하기를, 내가 이를 아버지께로 데리고 돌아오지 아니하면 영영히 아버지께 죄짐을 지리이다 하였사오니, 33) 이제 주의 종으로 그 아이를 대신하여 머물러 있어, 내 주의 종이 되게 하시고, 그 아이는 그의 형제들과 함께 올려 보내소서. 34) 그 아이가 나와 함께 가지 아니하면, 내가 어찌 내 아버지에게로 올라갈 수 있으리이까? 두렵건대 재해가 내 아버지에게 미침을 보리이다"(창 44:32-34).

유다가 진심으로 간청하는 말을 들은 요셉은 아버지가 편애했던 자신을 시기하여 죽이려 하고, 애굽에 노예로 팔아버렸던 때와는 전혀 다른 변화된 형들의 모습을 눈으로 확인하였다.

유다의 진심 어린 간청에 요셉의 마음은 녹아버렸다. 자신의 정체를 숨기고 형들의 진심을 테스트하기 위해서 거칠게 몰아붙였지만, 변화된 형들의 모습을 발견하고 지금까지 억눌러왔던 감정을 더 이상 억누르지 못하고 터뜨리고 말았다. 자신을 애굽에 노예로 팔아버린 형들에게 자신의 정체를 드러낸 것이다.

"요셉이 형들에게 이르되, 내게로 가까이 오소서! 그들이 가까이 가니, 이르되 나는 당신들의 아우 요셉이니, 당신들이 애굽에 판 자라. 5) 당신들이 나를 이 곳에 팔았다고 해서 근심하지 마소서! 한탄하지 마소서! 하나님이 생명을 구원하시려고 나를 당신들보다 먼저 보내셨나이다"(창 45:4-5).

형들에게 자신의 정체를 드러내는 요셉은 자기 앞에 무릎을 꿇은 형들에게 당당한 모습이 아니라, 오히려 자신의 정체를 알게 된 형들이 받을 충격과 두려움을 달래는 데 급급한 모습을 보이고 있다. 확실한 '갑'의 위치에 있는 요셉이 철저한 '을'의 위치에서 형들의 마음을 달래고 위로하고 있다. 자신의 성공과 지위를 자랑하기보다는 자신에게 잘못한 형들이 받을 충격과 두려움을 헤아려서 그들의 마음을 위로하는 요셉의 모습은 과거에 자신이 경험했던 상처를 하나님의 은혜로 치료받은 사람만이 할 수 있는 것이다.

요셉은 형들로부터 결코 잊을 수 없는 고통과 상처를 입었다. 요셉이 형들에 의해서 애굽에 팔려갈 때 고통이 얼마나 컸는지는 그에게 폭력을 행사한 당사자들인 형들의 입으로 증거하고 있다.

"그들이 서로 말하되, 우리가 아우의 일로 말미암아 범죄하였도다. 그가 우리에게 애걸할 때에 그 마음의 괴로움을 보고도 듣지 아니하였으므로 이 괴로움이 우리에게 임하도다. 22) 르우벤이 그들에게 대답하여 이르되, 내가 너희에게 그 아이에 대하여 죄를 짓지 말라고 하지 아니하였더냐? 그래도 너희가 듣지 아니하였느니라. 그러므로 그의 핏값을 치르게 되었도다"(창 42:21-22).

요셉은 죽기 전에는 결코 잊을 수 없는 강력한 고통과 상처를 경험했다. 요셉은 그 사실을 결코 잊지 않았다. 형들 앞에 자신의 정체를 드러내면서 과거의 사실을 분명하게 언급하고 있다. '나는 당신들의 아우 요셉이니, 당신들이 애굽에 판 자라' 그러나 요셉은 그 상처에 매여서 자신을 괴롭히는 상태에서 완전히 벗어났다. 과거의 고통을 잊어버린 것이 아니라, 과거의 고통을 하나님의 뜻과 계획이라는 큰 그림 속에서 재해석한 것이다.

> "하나님이 큰 구원으로 당신들의 생명을 보존하고, 당신들의 후손을 세상에 두시려고 나를 당신들보다 먼저 보내셨나니, 8) 그런즉 나를 이리로 보낸 이는 당신들이 아니요 하나님이시라. 하나님이 나를 바로에게 아버지로 삼으시고, 그 온 집의 주로 삼으시며, 애굽 온 땅의 통치자로 삼으셨나이다"(창 45:7-8).

하나님의 섭리 안에서 자신의 아픈 과거를 재해석한 요셉은 자신의 상처에 매여서 분노하고 괴로워하는 것이 아니라, 오히려 자기에게 폭력을 행사하고 씻을 수 없는 상처를 입힌 사람들을 진심으로 용서하고 위로하고 있다.

상처의 치유는 아픈 과거를 잊어버리는 것이 아니라, 하나님의 뜻 안에서 자신의 아픈 과거를 재해석하는 것이다. 자신의 모든 아픔 가운데 함께하시는 하나님의 위로와 그 고난 가운데서 이루어 가실 하나님의 뜻을 발견하게 될 때, 과거에 경험했던 모든 거절감과 상처는 분노와 고통이 아니라, 오히려 가해자들을 용서하고 위로하는 아름다운 사명감으로 거듭나게 될 것이다.

다른 사람의 상처를 위로하라

야곱은 요셉을 잃어버리는 아픈 상처를 경험하였다. 유다는 두 아들 엘과 오난을 잃어버리는 아픔과 상처를 경험하였다. 요셉은 형들로부터 거절당하고 배반당하고 애굽에 노예로 팔려가는 고통을 경험했다. 이들은 그들의 아픈 상처를 어떻게 치료 받았는가? 과거의 아픈 상처를 잊어서 치료받은 것이 아니다. 그들의 아픈 상처를 하나님의 뜻 안에서 재해석함으로써 치료받았다.

야곱은 자신의 아픈 상처로 인한 모든 집착을 내려놓으면서 이렇게 고백했다.

"전능하신 하나님께서 그 사람 앞에서 너희에게 은혜를 베푸사, 그 사람으로 너희 다른 형제와 베냐민을 돌려보내게 하시기를 원하노라. 내가 자식을 잃게 되면 잃으리로다"(창 43:14).

유다는 절망적인 고통과 아픔을 경험하는 순간, 환경을 탓하거나 다른 누구를 탓하지 않고 이렇게 담담하게 고백했다.

"유다가 말하되, 우리가 내 주께 무슨 말을 하오리이까? 무슨 설명을 하오리이까? 우리가 어떻게 우리의 정직함을 나타내리이까? 하나님이 종들의 죄악을 찾아내셨으니, 우리와 이 잔이 발견된 자가 다 내 주의 노예가 되겠나이다"(창 44:16).

요셉은 자기를 죽이려 하고, 노예로 팔아버린 형들에게 자신을 드러내면서 이렇게 고백했다.

"하나님이 큰 구원으로 당신들의 생명을 보존하고, 당신들의 후손을 세상에 두시려고 나를 당신들보다 먼저 보내셨나니, 8) 그런즉 나를 이리로 보낸 이는 당신들이 아니요 하나님이시라. 하나님이 나를 바로에게 아버지로 삼으시고, 그 온 집의 주로 삼으시며, 애굽 온 땅의 통치자로 삼으셨나이다"(창 45:7-8).

야곱과 유다와 요셉의 고백에서 공통적으로 나타나는 것은, 그들이 하나님의 뜻 안에서 그들의 상처를 재해석하고 치료받았다는 사실이다. 자신이 과거에 경험했던 수많은 고난과 상처에 대한 요셉의 해석을 들어보자. 그 모든 고난 가운데서 하나님께서 요셉을 버리신 것이 아니다. 하나님은 요셉의 가족과 만민의 생명을 구원하기 위한 위대한 계획을 가지고 그를 먼저 애굽으로 보내시고 훈련시켰다. 다만 그 과정에서 요셉을 애굽으로 보내는 방법과 훈련시키는 방법이 상식적으로 쉽게 이해되지 않는 방법을 사용했을 뿐이다. 그러니 그 모든 고난과 상처로 인하여 다른 사람을 원망할 일도 없고, 탓할 일도 없다. 오히려 그런 고난 가운데서도 함께하시고 선하신 뜻을 이루어 가시는 하나님을 찬양하고 하나님께 감사할 뿐이다.

하나님으로부터 상처를 치료받은 야곱과 유다와 요셉에게서 발견할 수 있는 공통점은 상처로 인하여 고통당하는 사람들을 진심으로 용서하고, 위로하는 모습이다. '동병상련 同病相憐'이란 말이 있다. 상처를 경험한 자만이 상처받은 자의 마음을 진심으로 위로할 수 있다. 야곱은 베냐민을 보내면서 그의 아들들을 위로하였다(창 43:14). 유다는 아들을 잃고 괴로워하는 아버지를 위로하였으며, 형제들이 함께 고난당하기를 자처하면서 자신의 자루에서 은잔이 발견된 일 때문에 마음으로 괴로워할 수 있는 베냐민을 위로하였다(창 44:16). 요셉은 자기를 노예로 판 형들의 잘못을 진심으로 용서하고, 오히려 그들이 받을 충격과 두려움을 위로하는데 집중하였다(창 45:5 7-8).

우리의 상처를 근본적으로 치료하시는 분은 하나님이다. 하나님의 치료를 경험한 사람들의 사명은 자신에게 상처를 입힌 사람들을 하나님의 사랑으로 용서하고, 위로하는 것이다. 하나님의 은혜로 자신의 상처를 치료받았기 때문에, 더 이상 누구를 탓하거나 분노할 이유가 없다. 오히려 자신이 경험한 아픔과 상처의 치료를 통하여 여전히 상처와 아픔 가운데서 고통당하는 사람들의 마음을 진심으로 공감하고 위로할 수 있게 되었다. 하나님의 사랑으로 다른 사람의 잘못을 용서하라. 하나님의 사랑으로 다른 사람의 상처를 위로하라.

**치유를 위한
점검과 기도**

1. 야곱이 베냐민에게 비정상적으로 집착하는 이유는 무엇이라고 생각하십니까?

2. 베냐민에게 집착하는 야곱과 세 번째 아들 셀라를 다말에게 주지 않는 유다의 심정은 어떤 면에서 공통점이 있다고 생각하십니까?

3. 유다의 간청이 동기가 되었을 수도 있겠지만, 야곱이 베냐민에 대한 집착에서 벗어날 수 있었던 근본적인 이유는 무엇이라고 생각하십니까?

**치유를 위한
점검과 기도**

4. 형들로부터 결코 잊을 수 없는 강력한 고통과 상처를 경험한 요셉이 형들을 진심으로 용서하고, 위로할 수 있었던 근본적인 원인은 무엇이라고 생각하십니까?

5. 진실한 마음으로 형들을 용서하고 위로하는 요셉의 모습을 생각하면서, 나에게 상처와 고통을 준 사람들을 진심으로 용서하고, 그들의 고통과 아픔을 진심으로 위로할 수 있게 되기를 기도합시다.

Chapter Seven

7
하나님을 만나라

야곱이 만난 하나님
- 벧엘에서 만난 하나님
- 밧단 아람에서 만난 하나님
- 브니엘에서 만난 하나님
- 벧엘에서 다신 만난 하나님

하나님과의 만남을 통한 야곱의 변화

요셉이 받은 상처

요셉이 만난 하나님

내가 하나님을 대신하리이까?

하나님을
만나라

7

　'사람들이 살아가면서 경험하는 크고 작은 육체적, 정신적 충격과 상처' trauma 는 그 당시의 사건으로 끝나는 것이 아니라, 사람들의 육체와 마음에 암호화되어 저장되어 있다가 현재의 감정과 행동에 지속적으로 영향을 미친다. 주변의 친구나 동료들 중에서 어떤 특정한 상황이나 대상이나 음식 등에 대해서 예민하게 반응하거나 행동하는 것을 경험한 적이 있을 것이다. 동일한 사건이나 상황에 반응하는 감정이나 행동 모습이 개개인에 따라서 다르게 나타나는 것은 그 사람들의 서로 다른 과거의 특정한 경험들이 현재의 상황에 영향을 미치고 있기 때문이다. 자기 안에 기억되어 있는 과거에 경험한 상처와 충격이 크면 클수록, 그 사건을 연상하게 하는 사건을 만나게 되면 과거의 충격과 상처에 대한 기억이 재활성화 되어서 더욱더 과민하게 반응하게 된다. 이런 현상이 심하면 상처와 충격을 경험한 과거 속에 매여서 현재의 삶을 제대로 살지 못하게 되는 정신적 장애로 나타난다.

간단하게 설명하면, 현재의 감정과 행동에 영향을 미치는 과거의 크고 작은 상처와 충격이 암호화되어 저장된 것을 '트라우마 기억'이라고 하고, 그것으로 인해 나타나는 증상을 '사고후유(정신)장애'라고 정의한다. '후유증으로 장기간에 걸쳐서 정신적인 장애를 유발하는 충격이나 상처'로 정의할 수 있는 '트라우마'는 거짓된 믿음에 근거하여 자기보호 반응체계로 암호화되어 자신의 몸과 마음에 기억된다. 전혀 의도하지 않은 무의식중에서도 그것을 연상시키는 비슷한 사건이 발생할 때마다 과거의 충격과 상처에 대한 기억이 재활성화되어 그 당시에 느꼈던 충격과 아픔으로 지금 눈앞에 일어난 사건에 반응하게 됨으로써 현재의 감정과 생각과 행동에 지속적인 영향을 미치게 된다.

'트라우마 기억'은 자신의 안전과 생존을 위협하는 충격과 상처에 대해서 자신의 안전과 생존을 보호하기 위해서 반응하는 일종의 '자기 방어체계'이다. 어떤 자극이나 충격에 대해서 자신을 보호하기 위해 설정된 반응체계이다. 자기보호 반응체계로 설정된 트라우마 기억은 여러 가지 원인으로 만들어진다. 크게는 전쟁이나 자연재해, 사고, 폭력, 아동기의 성폭행처럼 일상을 넘어선 충격적인 사건이나 극심한 감정적 스트레스를 경험한 사건은 한 개인으로 하여금 거의 정상적인 생활을 할 수 없을 정도로 일상적인 자극에도 필요이상으로 강력한 자기보호 반응체계를 구축하게 만든다. 작게는 성장과정에서 경험한 친구들의 조롱이나 따돌림으로 인해서 자신감을 상실하고 지극히 소심하고 우울한 반응을 보이는 성향으로 나타나기도 한다.

경우에 따라서는 어떤 특정한 음식에 대한 거부 반응으로 나타나기도 한다. 나의 경험을 하나 얘기하자면, 대학 다닐 때까지는 보신탕을 즐겨 먹었다. 그런데 신문에 이런 기사가 보도된 이후 나는 보신탕을 즐겨 먹지 않는다. 오래된 일이라서 기사의 내용이 정확하지는 않지만, 실험실에서 약물실험을 한 후 도살 처분해야 할 엄청난 수의 약물에 중독된 개들이 보신탕용으로 시중에 유통되고 있다는 것이었다. 그 기사는 그 당시 나에게 엄청난 충격으로 다가왔다. 그 이후 보신탕을 보면 이것이 약물실험을 하지 않는 개라는 보장이 있느냐는 의구심이 들어서 먹을 수가 없었다. 그 기사가 내 안에 안전에 대한 자기보호 반응체계를 구축한 것이다. 그래서 보신탕을 볼 때마다 약물실험을 한 개를 연상시키면서 그 신문 기사를 읽었을 때 받은 충격에 근거해서 느끼고, 생각하고, 반응하는 것이다. 약물에 중독된 개를 가지고 보신탕을 끓인 것은 아닌가라는 생각이 드는데 그것을 어떻게 즐겁게 먹을 수 있겠는가?

트라우마 기억은 다양한 원인으로 우리의 무의식의 영역에 설정된 자기보호 반응체계이기 때문에 쉽게 고쳐지지 않는다. 우리의 무의식은 특정한 자극에 대해서 자신의 안전을 보호하거나 상처받지 않기 위해서 방어적 반응체계를 구축하기 때문에, 트라우마 기억을 치유하는 것은 자신의 방어체계를 해체시키는 위험한 일이라고 인식한다. 그렇기 때문에 우리의 무의식은 트라우마 기억이 치유되는 것을 필사적으로 거부하고, 저항한다.

트라우마 기억이 재활성화 되어서 나타나는 마음의 과민반응에

대해서 자기 안에 설정된 지나친 자기보호 반응체계에 문제가 있다고 생각하지 않고, 모든 것을 현재의 상황 탓으로 돌린다. 현재의 상황이 무엇이든지 그것을 왜곡할 구실을 만들어서 자신의 지나친 과민반응을 정당화한다. 트라우마 기억이 쉽게 치료되지 않는 이유가 여기에 있다. 좀 심하게 단정적으로 표현하면, 자신의 의지적 노력으로 트라우마 증상을 근원적으로 치유하는 것은 불가능하다. 트라우마 증상을 치유하기 위한 의식적이고 의지적 노력은 기껏해야 통증이 느껴질 때 진통제를 쓰는 것에 지나지 않는다.

각자에게 저장된 트라우마 기억은 두 종류로 구분할 수 있다. 하나는, 유전적인 요인으로 자신에게 내재되어 있는 기억이다. 이것은 부모로부터 물려받은 것이다. 정도의 차이는 있겠지만 부모의 상처가 자식들에게도 유전된다. 예를 들면, 알코올 중독자 부모에게서 태어난 자녀들 중에서 더 많은 알코올 중독자들이 생기는 것과 같은 원리라고 생각하면 될 것이다. 유전적인 요인을 거슬러 올라가면, 에덴에서 하나님께 불순종하고 자신의 존재와 안전에 대해서 불안과 두려움을 느끼는 아담의 트라우마 기억이 있다. 우리 모두는 하나님께 불순종하고 존재에 대한 불안과 두려움을 가지고 에덴에서 쫓겨난 아담의 트라우마 기억을 유전으로 물려받았다.

다른 하나는, 자신이 경험한 과거의 크고 작은 상처와 충격으로 인하여 자기 안에 저장된 기억들이다. 여기에는 자의식이 형성되기 전인 출생과정에서부터 경험한 모든 상처와 충격이 포함된다. 이런 트라우마 기억들이 복합적으로 작용해서 자신이 경험하는 현재의 감정과 행동에 다양한 영향을 미친다.

한 가지 분명한 것은 트라우마 기억은 어떤 원인으로 형성되고 저장되었든지 간에, 무의식의 영역에 저장되어 있다가 의식적으로 통제할 수 없는 연상 작용에 의해서 재활성화 되기 때문에 의식적이고 의지적인 노력으로는 치료할 수 없다는 것이다. 따라서 우리의 마음을 주장하시는 창조자 하나님의 개입이 없이는 우리 안에 저장된 트라우마 기억을 근원적으로 치료하는 것은 불가능하다.

야곱이 만난 하나님

야곱이 살아가면서 그의 감정과 행동에 심각하게 영향을 미친 중요한 트라우마 기억은 다음 두 가지 사건에서 받은 충격과 상처이다. 하나는 출생과정에서 에서와의 경쟁에 패배한 충격과 상처로 인한 것이며, 다른 하나는 요셉을 잃어버리고 경험한 상처와 충격이었다. 전자가 야곱의 전반부 인생을 모든 면에서 투쟁적 경쟁관계로 몰아가는 것이었다면, 후자는 그의 후반부 인생을 방어적 편애와 집착으로 몰아가는 것이었다.

모든 트라우마가 발생하는 근본 원인은 자신의 안전과 존재감에 대한 위협과 불안이다. 자기 안전과 존재감에 대한 불안이 자기

안에 보호 반응 체계를 만들고, 자기 안전이 위협받고 있다고
생각되는 유사한 상황이 벌어지면 트라우마 기억이 활성화 되어서
자기 안전을 보호하기 위한 비상 체계가 발동하게 된다. 그런데
문제는 인생을 살다 보면, 자기 안에 있는 보호 반응체계가 작동을
해도 자기 안전에 대한 위협과 불안은 사라지지 않는다는 것이다.
트라우마 기억으로 저장된 자기보호 반응체계는 거짓 믿음에
의해서 암호화되어 저장된 체계이기 때문에, 트라우마 기억이
활성화된다고 해도 실제로는 자기 안전에 전혀 도움이 되지 않는다.
오히려 그 반대다. 트라우마 기억이 활성화될수록 자기 안전은 더
위태로워진다. 이럴 때 어떻게 해야 되는가?

간단히 말하면, 인간을 포함한 모든 피조물들은 자기 스스로
자기 안전을 책임질 능력이 없다. 창조자 하나님의 도우심과 개입이
없이는 자기 안전을 보장할 수 없다. 이런 관점에서, 야곱은 하나님을
만나는 경험을 통해 자신을 괴롭히고, 삶을 고통스럽게 만드는
트라우마 기억에서 벗어날 수가 있었다는 것이다.

벧엘에서 만난 하나님

야곱은 모태에서부터 시작된 에서와의 경쟁에서 패배함으로
인하여 장자가 가지는 기득권을 잃어버렸다. 경쟁에서 승리한
에서는 자신감을 가지고 독립적으로 살아가는 유능한 사냥꾼이
되었고, 패배한 야곱은 자신감을 상실하고 소극적으로 집안에
머물러서 어머니의 품을 떠나지 못하는 마마보이가 되었다.

그렇다고 야곱이 에서와의 경쟁을 완전히 포기한 것은 아니었다. 그는 기회만 있으면 에서에게 빼앗긴 장자권을 획득하려고 애를 썼다. 그래서 에서가 배가 고파서 참을 수 없는 위기 상황을 이용해서 죽 한 그릇으로 장자권을 샀다. 그것으로도 그의 안전이 보장되는 것은 아니었다. 축복권을 가지고 있는 아버지 이삭은 여전히 에서를 장자로 인정하고 그를 더 사랑하였다. 급기야는 이삭이 에서에게 축복하겠다는 구체적인 계획까지 밝혔다. 이런 급박한 위기 상황에서 야곱은 어머니 리브가와 결탁하여 형과 아버지를 속이고 장자의 축복을 가로채는 극단적인 무리수를 두었다. 이것이 야곱의 안전을 보장했는가?

야곱은 에서와의 출생 경쟁에서 패배하여 상실한 장자의 축복을 속임수라는 무리한 방법으로 획득하기는 했지만, 그것은 결과적으로 자신의 안전을 보장하고 자신의 존재감을 높여 준 것이 아니라 오히려 자신의 생명 자체가 위협받는 훨씬 더 불안한 상황을 만들고 말았다.

> "그의 아버지가 야곱에게 축복한 그 축복으로 말미암아, 에서가 야곱을 미워하여 심중에 이르기를, 아버지를 곡할 때가 가까웠은즉, 내가 내 아우 야곱을 죽이리라 하였더니"(창 27:41).

에서의 살해 위협을 받고 있는 야곱은 이 위기 상황을 모면하기 위해서 어머니 리브가의 제안을 받아들여서 지금까지 한 번도 떠나본 적이 없던 가정을 떠나서, 어머니 품을 떠나서, 도피생활을 시작하게 된다.

"내 아들아 내 말을 따라 일어나 하란으로 가서, 내 오라버니 라반에게로
피신하여, 44) 네 형의 노가 풀리기까지 몇 날 동안 그와 함께 거주하라.
45) 네 형의 분노가 풀려 네가 자기에게 행한 것을 잊어버리거든, 내가
곧 사람을 보내어 너를 거기서 불러오리라. 어찌 하루에 너희 둘을
잃으랴"(창 27:43-45).

이렇게 시작된 야곱의 도피 생활은 어머니 리브가의 예상을
벗어나서 20년 동안이나 지속되었고, 그렇게도 의지했던 어머니는
영원히 만날 수 없는 마지막 작별이 되고 말았다.

한 번도 어머니 품을 떠난 본 적이 없는 야곱이 어머니 품을
떠나는 것 자체가 그에게는 불안한 위기 상황이 아닐 수 없다. 야곱이
브엘세바에서 하란으로 가는 도중에 광야에서 밤을 맞이하였다.
아버지 집을 떠나본 경험이 전혀 없는 사람이 광야에서 밤을 맞이한
것은 그의 안전에 심각한 위협이 되는 상황이다. 자신의 생명이
위협을 받는 위기 상황에서 야곱이 자신의 안전을 위해 현실적으로
취할 수 방법은 아무것도 없었다. 무방비 상태로 한밤중에 광야에
던져진 야곱은 전혀 예상하지도 못한 경험을 하게 된다. 꿈속에서
하나님의 방문을 받은 것이다. 하나님의 방문을 받은 야곱이
하나님께 서원한 내용을 보면, 그 시점에서 야곱에게 가장 절박하게
필요한 것이 무엇인지를 구체적으로 알 수 있다.

"야곱이 서원하여 이르되, 하나님이 나와 함께 계셔서, 내가 가는 이
길에서 나를 지키시고, 먹을 떡과 입을 옷을 주시어, 21) 내가 평안히
아버지 집으로 돌아가게 하시오면, 여호와께서 나의 하나님이 되실
것이요, 22) 내가 기둥으로 세운 이 돌이 하나님의 집이 될 것이요,
하나님께서 내게 주신 모든 것에서 십분의 일을 내가 반드시 하나님께
드리겠나이다 하였더라"(창 28:20-22).

야곱의 서원에 나타난 긴급한 요구 조건은 두 가지이다. 하나는 자기 생존에 대한 보장이고, 다른 하나는 아버지 집으로 평안한 돌아오는 것이다. 이 두 가지만 보장된다면 무엇이든지 다 하겠다고 서원한다.

야곱이 하나님께 자신의 긴급한 요구 조건을 내세우면서 서원을 하지만, 시간적으로 보면 야곱이 서원하기 전에 이미 하나님은 야곱이 원하는 것을 모두 다 약속하셨다. 그것도 야곱이 하나님을 찾기도 전에 하나님께서 먼저 찾아오셔서 야곱이 긴급하게 원하는 것을 모두 약속하신 것이다.

"내가 너와 함께 있어, 네가 어디로 가든지 너를 지키며, 너를 이끌어 이 땅으로 돌아오게 할지라. 내가 네게 허락한 것을 다 이루기까지 너를 떠나지 아니하리라 하신지라"(창 28:15).

하나님은 어떤 상황에서도 야곱을 떠나지 아니하고 그의 안전을 지킬 것이며, 아버지 집으로 편안하게 돌아오게 만들어주겠다고 약속하셨다. 그것뿐만 아니라 하나님께서 야곱에게 약속한 모든 것을 다 이루기까지는 절대 떠나지 않겠다고 약속하셨다. 하나님의 약속에는 야곱이 서원을 통해서 요구한 모든 조건들이 다 들어있다. 오히려 야곱이 아직까지는 체감하지 못한 훨씬 더 크고 위대한 약속까지 들어 있다.

여기서 우리가 한번 생각해 볼 것은 하나님께서 야곱에게 허락한 것이 무엇이겠는가? 야곱의 생존과 평안한 귀향을 넘어서서 하나님께서 이루어 주시겠다고 약속한 것이 무엇이겠는가? 하는 것이다. 창세기의 문맥을 거슬러 올라가면, 가장 가깝게는 아버지 이삭이 야곱에게 축복한 장자의 축복(창 27:27-29)을 들 수 있다. 더 거슬러 올라가면, 야곱이 출생하기도 전에 하나님께서 약속하신 것이 있다.

"여호와께서 그에게 이르시되, 두 국민이 네 태중에 있구나! 두 민족이 네 복중에서부터 나누이리라. 이 족속이 저 족속보다 강하겠고, 큰 자가 어린 자를 섬기리라 하셨더라"(창 25:23).

야곱은 출생 경쟁에서 에서에게 밀림으로써 패배했다고 생각했지만, 하나님은 야곱이 출생하기도 전에 출생 경쟁에서 밀린 것이 결코 패배한 것이 아니라는 약속까지 주셨다. 하나님의 약속은 야곱의 의식적이고 의지적인 통제 영역을 벗어난 것이며, 야곱이 의식적으로 통제할 수 없는 무의식의 영역도 벗어난 것이다. 간단히 말하면, 하나님의 약속은 의식의 영역이든, 무의식의 영역이든 야곱 안에 있는 것이 아니라, 야곱의 존재 자체를 넘어서는 초월적인 영역에서 주어지는 것이다. 다른 말로 표현하면, 야곱의 안전과 존재감에 대한 근본적인 보장은 야곱의 행동에 의해서 결정되는 것이 아니라, 야곱의 느낌과 생각과 행동을 넘어서 초월적인 영역에서 이루어진다는 사실이다.

야곱은 벧엘에서 한밤중에 하나님의 방문을 받고 위대한 약속을 받았지만, 그 이후에 야곱이 인생을 살아가는 모습을 보면, 벧엘에서의 하나님의 약속이 여전히 그의 실제 생활에서 구체적으로 적용되지 못하는 모습을 볼 수 있다. 이것은 야곱이 출생

전에 하나님으로부터 받은 약속을 기억하지 못하고 패배자라고 생각하면서 살아온 것처럼 벧엘에서의 약속도 여전히 실제 생활에서는 체감하지 못하는 약속으로 남아 있었다. 그러나 분명한 것은 야곱이 하나님의 약속을 기억하고 실제 생활에서 적용하든지, 아니면 그 약속의 의미를 체감하지 못하고 살아가든지 관계없이, 하나님은 그 약속을 분명히 지켜주신다는 사실이다.

간단히 정리하면, 우리가 분명히 기억할 것은 한밤중에 광야에 던져진 야곱이 자신의 안전에 대한 심각한 위협과 불안을 느끼지만 자기 스스로는 아무것도 할 수 없는 무기력한 상황에서 하나님께서 먼저 야곱을 찾아오셨다는 사실이다. 그리고 하나님은 야곱이 염려하는 안전에 대한 보장과 그것을 훨씬 뛰어넘는 존재감에 대한 위대한 약속까지도 주셨다는 사실이다.

밧단 아람에서 만난 하나님

에서의 살해 위협을 피해서 도피처로 찾아온 외삼촌 라반의 집도 야곱에게는 안전한 곳이 아니었다. 야곱은 외삼촌 라반에게서 20년 동안이나 지속적으로 속으면서 거절감과 무시와 멸시를 당하면서 생활했다. 그런 가운데서 야곱은 여전히 의식하지 못하고 있었지만, 하나님은 벧엘에서 그에게 약속하신 대로 많은 재물을 모을 수 있도록 도와주셨다.

야곱이 하나님의 은혜로 재물을 모으기는 했지만, 또 다시 심각한 생존의 위협에 직면하게 되었다.

"야곱이 라반의 아들들이 하는 말을 들은즉, 야곱이 우리 아버지의 소유를 다 빼앗고, 우리 아버지의 소유로 말미암아 이 모든 재물을 모았다 하는지라. 2) 야곱이 라반의 안색을 본즉 자기에게 대하여 전과 같지 아니하더라"(창 31:1-2).

야곱이 외삼촌 라반의 집에서 자기 안전에 대한 총체적인 위협을 당하는 상황에서 그가 할 수 있는 자구책은 무엇이겠는가? 사실은 아무것도 없다. 지난 20년 동안 야곱이 라반에게 속수무책으로 속은 것처럼 지금도 라반이 자기 사람들을 동원해서 야곱의 모든 재산을 빼앗아도 야곱이 어떻게 할 수 있는 방법이 없다.

야곱은 외삼촌 라반의 집에서도 벧엘에서 한밤중에 광야에 던져진 것처럼 자기 안전에 대한 무방비 상태에 놓이게 되었다. 야곱이 이렇게 절체절명의 위기 상황에 놓여있는데 야곱과 함께 하겠다고 하신 하나님은 어디에 계시는가? 어떤 상황에서도 하나님은 결코 야곱을 떠나지 않았다. 하나님은 약속하신 대로 야곱과 함께 계셨다.

"여호와께서 야곱에게 이르시되, 네 조상의 땅 네 족속에게로 돌아가라. 내가 너와 함께 있으리라 하신지라"(창 31:3).

이 구절만 봐서는 어떤 상황에서 하나님께서 이 말씀을 주셨는지 알 수 없지만, 야곱이 들판에서 자기 가족들을 불러 모아 놓고 상황을 설명하는 장면을 보면 하나님께서 어떤 상황에서 야곱에게 이 말씀을 주셨는지 정확하게 알 수 있다.

"꿈에 하나님의 사자가 내게 말씀하시기를, 야곱아 하기로 내가 대답하기를 여기 있나이다 하매, 12) 이르시되 네 눈을 들어 보라. 양 떼를 탄 숫양은 다 얼룩무늬 있는 것, 점 있는 것과 아롱진 것이니라. 라반이 네게 행한 모든 것을 내가 보았노라. 13) 나는 벧엘의 하나님이라. 네가 거기서 기둥에 기름을 붓고 거기서 내게 서원하였으니, 지금 일어나 이 곳을 떠나서 네 출생지로 돌아가라 하셨느니라"(창 31:11-13).

이 상황은 야곱이 벧엘에서 하나님을 만난 상황과 똑같다. 하나님께서 꿈에 야곱을 방문하신 것이다. 그리고 하나님은 야곱이 라반에게 속임을 당하는 삶의 현장에 야곱과 함께 있으면서 라반의 모든 행위를 같이 보셨다. 그래서 라반의 속임수에도 불구하고 야곱이 정당한 보상을 받도록 만들어주셨다. 그리고 이제는 고향으로 돌아가라고 말씀하신다. 벧엘에서 약속하신 약속을 기억하시고, 그것을 다 이루겠다는 것이다.

하나님은 벧엘에서 야곱에게 약속하신 대로 밧단아람에서 생활하는 20년 동안 야곱을 떠나지 않고 함께 하시면서 야곱의 안전을 지켜주셨을 뿐만 아니라, 야곱의 안전을 해치려는 라반의 악행을 강력하게 억제시키셨다.

"야곱은 그 거취를 아람 사람 라반에게 말하지 아니하고 가만히 떠났더라. 21) 그가 그의 모든 소유를 이끌고 강을 건너 길르앗 산을 향하여 도망한 지 22) 삼 일 만에 야곱이 도망한 것이 라반에게 들린지라. 23) 라반이 그의 형제를 거느리고 칠 일 길을 쫓아가 길르앗 산에서 그에게 이르렀더니, 24) 밤에 하나님이 아람 사람 라반에게 현몽하여 이르시되, 너는 삼가 야곱에게 선악간에 말하지 말라 하셨더라"(창 31:20-24).

야곱은 하나님의 전폭적인 지지와 적극적인 개입으로 인하여 라반의 지속적인 속임수와 위협에도 불구하고 번성한 가족들과 많은 재산을 거느리고 도피생활을 하던 밧단 아람을 떠나서 고향으로 돌아가는 여행길에 오르게 되었다.

브니엘에서 만난 하나님

야곱은 외삼촌 라반의 집을 떠나서 고향으로 돌아가는 길에서 자기의 안전을 심각하게 위협하는 또 다른 복병을 만나게 되었다.

"사자들이 야곱에게 돌아와 이르되, 우리가 주인의 형 에서에게 이른즉, 그가 사백 명을 거느리고 주인을 만나려고 오더이다. 7) 야곱이 심히 두렵고 답답하여 자기와 함께 한 동행자와 양과 소와 낙타를 두 떼로 나누고, 8) 이르되 에서가 와서 한 떼를 치면 남은 한 떼는 피하리라 하고"(창 32:6-8).

야곱은 자기가 에서에게 보냈던 사자들이 돌아와서 보고하는 내용을 듣고 심한 두려움에 휩싸였다. 에서가 400명의 군대를 거느리고 자기에게 온다는 보고를 들은 것이다. 에서가 400명의 군대로 공격하면 야곱이 자신과 가족들의 안전을 지키기 위해서 취할 수 있는 방법은 무엇이 있을까? 아무것도 없다. 무기력하게 도망치는 것밖에는 방법이 없다. 그래서 '심히 두렵고 답답한' 마음을 떨쳐버릴 수가 없었던 것이다.

야곱이 자기 안전에 대해서 아무것도 할 수 없는 위기 상황에 던져진 것이 벌써 3번째이다. 야곱과 함께하시겠다고 약속하신 하나님은 어디에 계시는가? 이번에도 하나님은 벧엘에서 약속하신

대로 야곱과 함께하시고, 야곱의 안전을 지켜 주신다. 그런데 지금까지와는 다른 모습으로 야곱을 방문하신다. 지금까지는 야곱의 요청이 있기 전에 하나님께서 먼저 야곱을 방문하셨다. 그런데 이번에는 야곱의 간절한 요청이 있은 다음에 하나님께서 야곱을 만나 주신 것이다.

> "야곱이 또 이르되, 내 조부 아브라함의 하나님, 내 아버지 이삭의 하나님 여호와여, 주께서 전에 내게 명하시기를 네 고향, 네 족속에게로 돌아가라 내가 네게 은혜를 베풀리라 하셨나이다. 10) 나는 주께서 주의 종에게 베푸신 모든 은총과 모든 진실하심을 조금도 감당할 수 없사오나, 내가 내 지팡이만 가지고 이 요단을 건넜더니, 지금은 두 떼나 이루었나이다. 11) 내가 주께 간구하오니, 내 형의 손에서, 에서의 손에서 나를 건져내시옵소서! 내가 그를 두려워함은 그가 와서 나와 내 처자들을 칠까 겁이 나기 때문이니이다. 12) 주께서 말씀하시기를, 내가 반드시 네게 은혜를 베풀어 네 씨로 바다의 셀 수 없는 모래와 같이 많게 하리라 하셨나이다"(창 32:9-12).

야곱은 하나님께서 약속하신 약속에 근거해서 자신과 그의 가족들의 안전을 지켜달라고 하나님께 간절히 요청한다. 분명히 지금까지와는 전혀 다른 모습이다.

    야곱에게 달라진 것이 있다면, 한편으로는 그가 책임지고 안전을 지켜야 할 대상이 많아졌다는 것이다. 지금까지는 자신의 생명과 안전만 염려하면 되었다. 그러나 이제는 자신뿐만 아니라 아내들과 자식들의 안전까지 책임져야 하는 위치에 놓이게 되었다. 쉽게 말하면, 일이 잘못되면 잃어버릴 것이 대단히 많아졌다는 것이다. 일반적으로 사람들은 잃을 것이 많을수록 더 많은 불안과 두려움을 느끼게 된다. 어떤 경우에도 잃을 것이 없다면 고난과 위기는 그렇게 심각하게 느껴지지 않는다.

또 한편으로는 하나님께 대한 야곱의 믿음이 성숙했다고 말할 수 있다. 지금까지는 하나님께서 일방적으로 야곱을 찾아오셨지만, 이제는 야곱이 하나님의 약속을 기억하고, 그 약속에 근거해서 하나님의 도우심을 요청하는 관계로 발전한 것이다. 야곱이 하나님의 도우심으로 여러 번의 위기 상황을 극복하는 과정을 통해서 하나님과의 관계가 일방적인 관계가 아니라 인격적인 교제의 관계로 발전한 것이다.

야곱의 간절한 요청으로 시작된 하나님과 야곱의 만남은 얍복 나루에서 밤새도록 씨름하는 힘든 시간을 보낸다. 그리고 야곱은 자신의 이름이 바뀌는 은혜와 축복을 받게 된다.

"그가 이르되, 네 이름을 다시는 야곱이라 부를 것이 아니요, 이스라엘이라 부를 것이니, 이는 네가 하나님과 및 사람들과 겨루어 이겼음이니라. 29) 야곱이 청하여 이르되 당신의 이름을 알려주소서! 그 사람이 이르되 어찌하여 내 이름을 묻느냐 하고, 거기서 야곱에게 축복한지라"(창 32:28-29).

야곱은 얍복 나루에서 하나님과의 만남을 통해 출생 경쟁에서 경험했던 패배의 트라우마에서 벗어나게 되었다. 이제는 그의 이름이 '속이는 자'(창 27:36), '패배자'(창 25:26) 야곱이 아니라, '승리자' 이스라엘로 바뀐 것이다. 야곱은 하나님을 만남으로, 패배의 충격과 상처로 인해서 그의 내면에 거짓된 이미지로 암호화되어 저장된 자기보호 반응체계인 트라우마 기억에서 벗어날 수 있게 되었다.

여기서 우리는 야곱의 이름이 바뀌어지는 과정을 주의 깊게 살펴볼 필요가 있다. 이름은 그 사람의 정체성과 존재감을 드러내는 타이틀이다. 지금까지 야곱은 '속이는 자' '패배자'라는 정말로 부정적인 타이틀을 내걸고 인생을 살아왔다. 야곱에게 '왜?' '누가?' 이런 부정적인 타이틀을 붙여 주었는가? 야곱은 어머니의 자궁에서 밤이 새도록(출생할 때까지) 에서와 씨름하고 싸웠지만 출생경쟁에서 졌다. 패배의 상처를 가지고 태어났는데 그의 부모들도 그에게 '패배자' '속이는 자'라는 의미의 '야곱'이라는 이름을 붙여 주었다. 이렇게 해서 야곱은 자타가 공인하는 '패배자' '속이는 자'가 되었다. 이것이 그에게 트라우마로 작용해서 자신의 인생을 아픔과 고통으로 힘들게 만들고, 그의 부모와 형제를 힘들게 만들고, 나아가서는 그의 아내들과 자녀들의 인생까지 힘들게 만들었다.

그런데 야곱의 생명을 창조하시고 이 땅에 보내신 하나님은 야곱에게 어떤 타이틀을 주어서 보냈을까? 하나님은 결코 야곱에게 '패배자'라는 타이틀을 준 적이 없다. 야곱이 출생하기 전에 하나님께서 그들의 부모에게 주신 약속은 '이 족속이 저 족속보다 강하겠고, 큰 자가 어린 자를 섬기리라'(창 25:23)는 것이었다. 하나님께서 그의 부모들에게 주신 약속에는 나중 태어난 자가 패배자라는 어떤 언질도 발견할 수 없다. 그런데 부모들은 하나님의 뜻을 무시하고 그들의 관점에서, 그들의 눈에 보이는 대로, 야곱에게 패배자라는 타이틀을 주었고, 야곱은 그 타이틀 안에 갇혀서 괴롭고 힘든 인생을 살아왔다.

하나님은 얍복 나루에서 한밤중에 야곱을 만나서 밤새도록 씨름을 하였다. 하나님께서 야곱과 씨름할 이유가 무엇인가? 되면 되고, 안 되면 안 되는 것 아닌가? 하나님은 야곱의 요구를 들어주시든지, 거절하시든지 즉석에서 결정을 내릴 수 있었다. 그럼에도 불구하고 하나님은 상대도 되지 않는 야곱과 밤이 새도록 씨름을 하였다. 그리고 야곱에게 억지로 져주셨다. 그리고 야곱에게 '네가 하나님과 및 사람들과 겨루어 이겼다'(창 32:28)라고 그의 승리를 선언하였다. 그리고 '패배자'란 의미의 야곱이라는 타이틀 대신에, '승리자'라는 의미의 '이스라엘'이라는 타이틀을 주셨다.

왜 하나님께서 한밤중에 야곱과 밤이 새도록 씨름하였을까? 하나님은 야곱을 에서와 밤이 새도록(출생까지) 씨름한 어머니의 자궁 속으로 데리고 간 것이다. 그리고 거기에서 에서와 씨름하던 상황을 그대로 재연한 것이다. 그때나 지금이나 야곱의 주특기는 붙들고 늘어지는 것이었다. 야곱은 어머니의 자궁에서도 날이 새도록 에서를 붙들고 놓아 주지 않았다. 그런데도 그에게 붙여진 이름을 '패배자'라는 의미의 야곱이었다. 이번에도 야곱은 밤이 새도록 하나님의 천사를 붙들고 놓아 주지 않았다. 그랬더니 하나님께서 그에게 '패배자'라는 이름을 버리고, '승리자'라는 이름으로 바꾸어 주셨다. 하나님께서 야곱이 태어나기 전에 주었던 이름(창 25:23)을 다시 찾아 준 것이다.

하나님은 야곱에게 너는 패배자가 아니라 승리자라는 원래의 정체성과 존재감을 되찾아주기 위해서 어머니의 자궁과 같은 어두움 속에서 밤이 새도록 야곱과 씨름하였다. 그리고 야곱에게 억지로 져주셨다. 간단히 말하면, 하나님은 야곱이 자기 자신의 경험과 부모들의 거짓된 믿음에 의해서 암호화되어 그의 내면에 저장된 '트라우마 기억'을 해체시킴으로써, 야곱을 과거의 모든 상처와 패배의 충격에서 완전히 치료하신 것이다.

이제 야곱은 패배자가 아니다. '하나님과 및 사람들과 겨루어 이긴' 승리자이다. 야곱은 자신을 그렇게도 괴롭히던 패배의 트라우마에서 완전히 벗어나게 되었다. 날이 밝았을 때, 그가 느끼는 기분이 어떠했겠는가? 어머니의 자궁에서 에서와 밤새도록 싸움을 끝내고 날이 밝았을 때 야곱이 경험한 느낌은 '우울'과 '흐림' 그 자체였다. 그러나 하나님과 밤새도록 싸움을 끝낸 야곱의 기분은 그야말로 '쾌청' 그 자체이다. 성경은 야곱이 느끼는 날아갈 듯한 기분을 이렇게 표현하고 있다.

"그가 브니엘을 지날 때에 해가 돋았고, 그의 허벅다리로 말미암아 절었더라"(창 32:31).

밤이 새도록 계속된 싸움을 끝내고 아침에 브니엘을 지날 때에 야곱 앞에 솟아오르는 태양은 그의 마음 상태를 상징적으로 보여주는 환상적인 장면이다.

이제 야곱은 더 이상 패배자가 아니다. 솟아오르는 아침 해와 같이 승리자로서의 새로운 삶이 시작되었다. 그리고 변화된 자신의 존재감에 맞게 그렇게도 두렵고 답답하게 생각했던 에서와의 만남도 너무나 순조롭게 해결되었다.

> "자기는 그들 앞에서 나아가되, 몸을 일곱 번 땅에 굽히며 그의 형 에서에게 가까이 가니, 4) 에서가 달려와서 그를 맞이하여 안고, 목을 어긋맞추어 그와 입 맞추고 서로 우니라"(창 33:3-4).

하나님의 은혜와 도우심으로 출생 과정에서부터 시작된 에서와의 경쟁과 갈등 관계가 서로가 용서하고 화해하는 아름다운 모습으로 마무리되었다.

벧엘에서 다시 만난 하나님

하나님이 약속하신 대로 야곱은 밧단 아람에서부터 평안히 가나안 땅으로 돌아왔다(창 33:18). 하나님은 벧엘에서 야곱에게 한 약속을 성실히 지켰다. 그렇다면 이제는 야곱이 벧엘에서 하나님께 서원한 것을 지킬 차례이다. 그런데 야곱은 그 약속을 지키지 않았다. 벧엘로 올라가지 않고 세겜에 장막을 치고 거기에 눌러 앉아버렸다.

앞에서 살펴본 대로 하나님과 야곱의 관계는 약속에 근거한 인격적 관계로 발전하였다. 인격적 신뢰 관계는 서로간의 약속이 지켜질 때 더 아름다운 관계로 발전할 수 있다. 그런데 야곱이 하나님과의 약속을 지키지 않음으로 인하여 또 다른 위기를 경험하게 된다. 야곱의 딸 디나가 세겜 성에서 성폭력을 당하고, 디나의 오라버니 시므온과 레위가 할례를 받은 세겜성 사람들을 다 죽이는 폭력을 행한 것이다(창 34:25). 이 사건은 야곱에게는 가족 전체의 생존과 안전을 심각하게 위협하는 위기 상황으로 느껴졌다.

> "야곱이 시므온과 레위에게 이르되, 너희가 내게 화를 끼쳐 나로 하여금 이 땅의 주민 곧 가나안 족속과 브리스 족속에게 악취를 내게 하였도다. 나는 수가 적은즉 그들이 모여 나를 치고 나를 죽이리니, 그러면 나와 내 집이 멸망하리라"(창 34:30).

야곱은 또 다시 가족 전체의 생존과 안전이 내동댕이쳐지는 위기 상황에 직면했다.

하나님은 심각한 위기 상황에 직면한 야곱에게 찾아오셔서 벧엘로 올라가서 에서의 살해 위협에서 도망할 때 하나님께 서원한 약속을 지키라고 요구하신다(창 35:1). 하나님의 엄중한 요구를 받은 야곱은 하나님께 순종하여 벧엘로 올라가서 서원을 지킨다(창 35:3). 하나님은 야곱이 벧엘로 올라가는 모든 과정의 안전을 지켜주시고(창 35:5), 서원을 지키기 위해서 벧엘로 올라온 야곱을 만나 주시고, 그에게 이루어주시겠다고 약속한 내용을 다시 한 번 확인시켜 주셨다.

> "야곱이 밧단아람에서 돌아오매, 하나님이 다시 야곱에게 나타나사 그에게 복을 주시고, 10) 하나님이 그에게 이르시되, 네 이름이 야곱이지마는 네 이름을 다시는 야곱이라 부르지 않겠고, 이스라엘이 네 이름이 되리라 하시고, 그가 그의 이름을 이스라엘이라 부르시고, 11) 하나님이 그에게 이르시되, 나는 전능한 하나님이라. 생육하며 번성하라. 한 백성과 백성들의 총회가 네게서 나오고 왕들이 네 허리에서

나오리라. 12) 내가 아브라함과 이삭에게 준 땅을 네게 주고, 내가 네 후손에게도 그 땅을 주리라 하시고, 13) 하나님이 그와 말씀하시던 곳에서 그를 떠나 올라가시는지라"(창 35:9-13).

이렇게 해서 야곱이 에서를 피하여 도망하면서 한밤중에 자신의 생존을 위협받는 심각한 상황에서 하나님과 만난 첫 번째 대면에서 주고받은 벧엘에서의 약속이 마무리되었다. 이제 하나님과 야곱과의 관계는 하나님의 언약에 근거한 약속과 순종이라는 인격적 관계로 한 단계 더 발전하게 된 것이다.

하나님과의 만남을 통한 야곱의 변화

야곱은 하나님과의 지속적인 만남과 교제를 통하여 그의 안에 내재되어 있던 트라우마 기억을 치료했을 뿐만 아니라 영적으로 대단히 성숙해졌다.

첫 번째는 에서와의 출생과정에서 경험한 충격과 상처로 인하여 형성된 트라우마 기억에서 완전히 벗어나서 '속이는 자' '패배자'가 아니라 '승리자'로 살아가는 자신의 존재감을 확실하게 회복하게 되었다.

"하나님이 그에게 이르시되, 네 이름이 야곱이지마는, 네 이름을 다시는 야곱이라 부르지 않겠고, 이스라엘이 네 이름이 되리라 하시고, 그가 그의 이름을 이스라엘이라 부르시고, 11) 하나님이 그에게 이르시되, 나는 전능한 하나님이라. 생육하며 번성하라. 한 백성과 백성들의 총회가 네게서 나오고, 왕들이 네 허리에서 나오리라"(창 35:10-11).

두 번째는 요셉을 잃은 충격과 상처로 인하여 형성된 트라우마 기억에서 벗어나게 되었다. 방어적 집착에 매여서 모두를 힘들게 한 삶의 모습에서 벗어나 모든 것을 하나님께 맡기고 자유함을 누리는 성숙된 모습으로 변화된다.

"네 아우도 데리고 떠나 다시 그 사람에게로 가라. 14) 전능하신 하나님께서 그 사람 앞에서 너희에게 은혜를 베푸사, 그 사람으로 너희 다른 형제와 베냐민을 돌려보내게 하시기를 원하노라. 내가 자식을 잃게 되면 잃으리로다"(창 43:13-14).

세 번째는 야곱이 출생하기 전에 하나님께서 주신 약속이 어떻게 실현되는 지를 야곱은 자신의 행동으로 보여주었다. 야곱은 자신이 출생하기 전에 모태에서 받은 하나님의 약속을 믿지 못하고 형을 속이고, 아버지를 속이는 무리수를 둠으로 자신과 가족 전체를 갈등과 아픔으로 몰아넣었다. 하지만 그 하나님의 약속이 어떻게 유효하게 실현되는지를 자기 스스로 몸으로, 행동으로 증명해 보였다.

"요셉이 아버지의 무릎 사이에서 두 아들을 물러나게 하고 땅에 엎드려 절하고, 13) 오른손으로는 에브라임을 이스라엘의 왼손을 향하게 하고, 왼손으로는 므낫세를 이스라엘의 오른손을 향하게 하여 이끌어 그에게 가까이 나아가매, 14) 이스라엘이 오른손을 펴서 차남 에브라임의 머리에 얹고, 왼손을 펴서 므낫세의 머리에 얹으니 므낫세는 장자라도 팔을 엇바꾸어 얹었더라"(창 48:12-14).

"요셉이 그 아버지가 오른손을 에브라임의 머리에 얹은 것을 보고 기뻐하지 아니하여, 아버지의 손을 들어 에브라임의 머리에서 므낫세의

머리로 옮기고자 하여, 18) 그의 아버지에게 이르되, 아버지여 그리
마옵소서! 이는 장자이니 오른손을 그의 머리에 얹으소서 하였으나, 19)
그의 아버지가 허락하지 아니하며 이르되, 나도 안다. 내 아들아 나도
안다. 그도 한 족속이 되며 그도 크게 되려니와, 그의 아우가 그보다
큰 자가 되고, 그의 자손이 여러 민족을 이루리라 하고, 20) 그 날에
그들에게 축복하여 이르되, 이스라엘이 너로 말미암아 축복하기를
하나님이 네게 에브라임 같고 므낫세 같게 하시리라 하며, 에브라임을
므낫세보다 앞세웠더라"(창 48:17-20).

야곱이 나이로 말미암아 앞을 볼 수 없는 상황에서도, 애굽에서 최고의 권세와 명예를 자랑하는 요셉을 완전히 압도하면서 그의 두 아들을 축복하는 야곱의 모습은 영적 거장으로서 조금도 손색이 없는 압권이다. 야곱의 인생은 누가 보더라도 고난의 여정이었다. 젊어서는 출생과정에서 경험한 트라우마로 인하여 고난의 인생 여정을 지나왔고, 나이 들어서는 요셉을 잃은 트라우마로 고통의 세월을 보냈다. 그러나 하나님의 은혜로 베냐민에 대한 집착을 내려놓는 순간부터 시작해서 애굽에서 보낸 야곱의 말년은 제사장적 권위로 하나님의 뜻을 온전히 이루어가는 선지자적인 삶을 실천하는 축복의 나날이었다. 요셉의 두 아들을 축복하는 사건과, 자신의 열두 아들을 불러 모아 놓고 그들의 장래를 유언적으로 축복한 장면은 고난과 연단의 인생 여정을 지나온 야곱이 말년에 이르러 그의 영성이 어느 정도로 높은 경지에 이르렀는지를 보여주는 하이라이트이다.

요셉이 받은 상처

야곱의 상처는 경쟁에서 패배함으로 느끼는 아픔과 고통과 절망감이었다면, 요셉의 상처는 거절당함으로 경험하는 아픔과 고통이었다. 요셉은 태어나면서부터 아버지의 사랑을 독차지하였다. 위로 형들이 10명이나 있었지만, 아버지 야곱의 입장에서 보면, 자기가 가장 사랑하는 아내 라헬이 낳은 첫 번째 아들이었기 때문에, 실질적으로는 맏아들과 같은 존재였을 것이다. 요셉은 출생에서부터 다른 형제들과 비교할 수 없는 특권적인 사랑을 받으면서 성장하는 어린 시절을 보냈다. 이런 요셉에게 거절당하는 아픔과 고통은 상대적으로 훨씬 더 크게 느껴질 수도 있었을 것이다.

요셉은 형들에게 배척당하고 거절당함으로 가정에서 쫓겨났고, 아버지로부터 강제로 분리되는 아픔과 고통을 경험하였다. 형들은 아버지의 심부름을 온 요셉을 잡아서 옷을 벗기고 구덩이에 던지는 폭력을 행사했다.

"요셉이 형들에게 이르매, 그의 형들이 요셉의 옷 곧 그가 입은 채색 옷을 벗기고, 24) 그를 잡아 구덩이에 던지니, 그 구덩이는 빈 것이라. 그 속에 물이 없었더라"(창 37:23-24).

나이가 가장 어린 요셉이 10명의 형들로부터 집단 폭행을 당하고 옷이 벗겨져서 구덩이에 던져질 때 그가 느끼는 불안과 공포는 어떤 것이었겠는가? 자신을 보호해야 할 형들에게 거절당하고 죽음에 던져지는 그 마음의 두려움과 억울함과

아픔은 얼마나 컸겠는가? 성경은 이 상황에서 요셉이 어떤 반응을
보였는지에 대해서 아무런 언급이 없이 침묵하고 있다. 나중에
애굽에서 어려움과 고통을 당하게 된 형들의 증언을 통해서 요셉이
형들로부터 버림을 받고 애굽에 노예로 팔려갈 때 그가 경험했던
두려움과 불안과 고통이 어떤 것이었는지를 간접적으로 드러내고
있다.

"그들이 서로 말하되, 우리가 아우의 일로 말미암아 범죄하였도다. 그가
우리에게 애걸할 때에, 그 마음의 괴로움을 보고도 듣지 아니하였으므로,
이 괴로움이 우리에게 임하도다"(창 42:21).

짧은 증언이지만 죽음의 공포와 고통 속에서 형들에게 살려달라고
애원하며 매달리는 요셉의 심정이 어떤 것이었는지를 충분히 짐작할
만하다.

형들에게 거절당하고 애굽에 노예로 팔려간 요셉은 그가
정착하고 인정받기 시작한 시위대장 보디발의 집에서도 억울한
누명을 덮어쓰고 감옥으로 던져지는 쓰라린 고통을 경험하게 된다.
요셉은 10대 후반의 나이에 보디발의 집에 노예로 들어갔다. 그는
똑똑하고 열정이 있는 청년으로서 자기에게 맡겨진 모든 일들을
주인인 보디발의 마음에 흡족하게 잘 처리하였다. 그래서 급기야는
보디발이 자기 집안의 모든 일을 요셉에게 맡기는 신뢰까지
보여주었다. 주인이 보기에도 요셉은 모든 면에서 나무랄 데가 없는
매력적인 청년이었다.

"주인이 그의 소유를 다 요셉의 손에 위탁하고, 자기가 먹는 음식 외에는

간섭하지 아니하였더라. 요셉은 용모가 빼어나고 아름다웠더라"
(창 39:6).

이방인 노예로 팔려온 요셉이 애굽의 최고의 권력층으로부터 이런 전폭적인 신임과 총애를 받는다는 것은 대단한 성공이 아닐 수 없다.

보디발의 전폭적인 신뢰와 총애 가운데서 형들에게 거절당하고 버림받았던 뼈아픈 상처가 아물어 갈 즈음에 요셉은 또다시 참기 힘든 거절감을 경험한다. 요셉에게 너무나 매력을 느낀 보디발의 아내가 요셉을 지속적이고도 노골적으로 유혹한 것이었다. 보디발의 집에서 요셉이 처한 상황을 힘의 구도로 본다면, 요셉은 보디발의 아내의 유혹을 거절할 수 없는 철저한 '을'의 위치에 있었다. 나쁜 마음을 먹었다면, 자신의 생존과 장래의 안전을 위해서 오히려 그것을 적극적으로 이용할 수도 있는 그런 상황이었다. 그런데도 요셉은 옷을 잡고 노골적으로 유혹하는 보디발의 아내에게서 벗어나기 위해 자기의 옷을 벗어 던지고 그 자리에서 도망쳐 나왔다.

끈질긴 유혹에도 불구하고 요셉에게 거절당함으로 여자의 자존심이 짓밟히는 모욕적인 대우를 받았다고 느낀 보디발의 아내가 자신의 모든 분노와 모멸감을 요셉에게 덮어씌워서 자기의 자존심을 회복하려고 한다. 보디발의 아내는 요셉이 그녀의 유혹을 뿌리치기 위해서 벗어 던지고 나간 옷을 증거물로 삼아서 요셉과 자기 사이에 벌어졌던 상황을 정반대로 뒤집어버렸다.

"그 여인이 요셉이 그의 옷을 자기 손에 버려두고 도망하여 나감을 보고, 14) 그 여인의 집 사람들을 불러서 그들에게 이르되, 보라 주인이 히브리 사람을 우리에게 데려다가 우리를 희롱하게 하는도다. 그가 나와 동침하고자 내게로 들어오므로 내가 크게 소리 질렀더니, 15) 그가 나의 소리 질러 부름을 듣고, 그의 옷을 내게 버려두고 도망하여 나갔느니라 하고, 16) 그의 옷을 곁에 두고 자기 주인이 집으로 돌아오기를 기다려, 17) 이 말로 그에게 말하여 이르되, 당신이 우리에게 데려온 히브리 종이 나를 희롱하려고 내게로 들어왔으므로, 18) 내가 소리 질러 불렀더니, 그가 그의 옷을 내게 버려두고 밖으로 도망하여 나갔나이다" (창 39:13-18).

요셉은 노예로 팔려온 이방인이고, 보디발의 아내는 애굽의 핵심적인 권력을 행사하는 시위대장의 아내이다. 이런 상황에서 일이 어떻게 진행될 지는 불을 보듯이 뻔한 일이다.

"그의 주인이 자기 아내가 자기에게 이르기를, 당신의 종이 내게 이같이 행하였다 하는 말을 듣고 심히 노한지라. 20) 이에 요셉의 주인이 그를 잡아 옥에 가두니, 그 옥은 왕의 죄수를 가두는 곳이었더라" (창 39:19-20).

요셉은 자신을 총애하고 신임한 시위대장의 호의를 무시하고 그의 아내를 성폭행하려는 몰염치한 범죄자로 몰려서 시위대 감옥에 갇혔다. 요셉의 입장에서 보면, 세상에 이런 억울한 일이 또 어디에 있겠는가? 땅을 치며 통곡을 한들 그의 마음속에서 치밀어 올라오는 억울함과 분노가 씻어지겠는가?

요셉이 경험한 쓰라린 거절감은 억울한 누명을 쓰고 갇힌 시위대 감옥에서도 계속되었다. 억울하게 감옥에 갇히기는 했지만, 요셉은 자신이 경험한 분노와 상처에 얽매이지 않고 자신에게 주어진 일에 열정을 가지고 충성을 다했다. 노예로 팔려왔지만 보디발에게 인정을 받은 것처럼, 파렴치범으로 억울한 누명을 쓰고 시위대 감옥에 갇혔지만 요셉은 간수장의 전폭적인 신임을 받았다.

"간수장이 옥중 죄수를 다 요셉의 손에 맡기므로 그 제반 사무를 요셉이 처리하고"(창 39:22).

간수장의 신임이 요셉의 억울함을 다 잊게 만들 수 있었을까? 아니면 요셉은 자신의 억울함을 풀어보겠다는 의욕조차 상실하고 체념한 상태에서 감옥생활을 하고 있었을까? 결코 그렇지 않았다.

요셉이 관리하는 죄수들 중에 애굽왕 바로를 가장 가까이에서 모시는 권력의 핵심이 들어왔다. 그들은 바로의 술 맡은 자와 떡 굽는 자였다. 구체적인 이유는 알 수 없지만 이들은 바로의 분노를 사서 시위대 감옥에 갇히게 되었다. 며칠 후 이 두 사람은 하룻밤에 꿈을 꾸고 그 내용을 알 수가 없어서 고민하고 있었는데, 요셉은 그들의 고민을 알고 자청해서 꿈을 해석해 주었다. 요셉이 해석한 꿈의 내용은 술 맡은 관원장은 복직되고, 떡 굽는 관원장은 처형당한다는 것이었다. 여기서 요셉은 자신의 속마음을 털어놓게 된다. 복직이 될 술 맡은 관원장에게 자신의 억울함을 호소하면서 감옥에서 구출해 줄 것을 간청한다.

"지금부터 사흘 안에 바로가 당신의 머리를 들고 당신의 전직을 회복시키리니, 당신이 그 전에 술 맡은 자가 되었을 때에 하던 것 같이 바로의 잔을 그의 손에 드리게 되리이다. 14) 당신이 잘 되시거든 나를 생각하고, 내게 은혜를 베풀어서, 내 사정을 바로에게 아뢰어 이 집에서 나를 건져 주소서. 15) 나는 히브리 땅에서 끌려온 자요, 여기서도 옥에 갇힐 일은 행하지 아니하였나이다"(창 40:13-15).

요셉은 자신의 억울함을 토로하면서 선처를 부탁한 일로
인하여 한껏 기대에 부풀었을 것이다. 감옥에서 만난 동지인데다,
요셉이 꿈을 해석한 대로 복직이 되면, 정치범도 아니고 감옥에 갇힌
이방인 노예 한 사람 정도 석방시키는 일이 권력의 핵심인 왕의 술
맡은 관원장에게 무슨 큰일이겠는가? 요셉과 같이 지혜로운 사람이
아무에게나 자기의 사정을 얘기하면서 다녔겠는가? 충분한 가능성을
봤기 때문에 자기의 사정을 얘기하고, 도움을 요청했을 것이다.
요셉으로서는 감옥에서 풀려나 고향 땅 아버지 집으로 돌아가는
기대에 부풀었을 수도 있는 상황이었다.

기대가 크면 실망도 큰 법인가? 요셉은 기대에 부풀어서 석방될
날을 기다리고 있었지만, 그날은 오지 않았다.

> "바로의 술 맡은 관원장은 전직을 회복하매, 그가 잔을 바로의 손에
> 받들어 드렸고, 22) 떡 굽는 관원장은 매달리니, 요셉이 그들에게
> 해석함과 같이 되었으나, 23) 술 맡은 관원장이 요셉을 기억하지 못하고
> 그를 잊었더라"(창 40:21-23).

요셉은 이번에는 자기가 꿈을 해석해 준 술 맡은 관원장에게
거절당한 것이다. 요셉은 또 다시 쓰라린 거절감을 경험하면서
기약이 없는 감옥생활을 견뎌내야만 했다.

요셉이 만난 하나님

창세기에 기록된 요셉의 삶에서는 야곱처럼 하나님을 만나는

결정적인 사건들을 발견할 수 없다. 그렇지만 분명한 것은 요셉은 어디를 가든지 하나님과 지속적으로 동행하는 삶을 살았다는 것이다. 하나님을 만나는 특별한 사건을 기록하고 있지는 않지만, 요셉은 늘 하나님의 임재를 경험하면서 하나님과 동행하는 삶을 살았다고 기록하고 있다. 어쩌면 야곱이 경험한 하나님보다 요셉이 경험한 하나님은 더 친밀하고, 더 가까이 계시고, 생활 속에서 늘 함께 하시는 하나님이었다. 이런 면에서 본다면, 요셉의 삶은 그야말로 하나님이 늘 함께하시는 '임마누엘' 그 자체였다.

요셉이 노예로 팔려온 보디발의 집에서 생활하는 모습을 성경은 이렇게 기록하고 있다.

> "여호와께서 요셉과 함께 하시므로, 그가 형통한 자가 되어 그의 주인 애굽 사람의 집에 있으니, 3) 그의 주인이 여호와께서 그와 함께하심을 보며, 또 여호와께서 그의 범사에 형통하게 하심을 보았더라" (창 39:2-3).

요셉은 하나님께서 자기와 함께 계심을 마음으로 느끼고, 생활 속에서 삶의 열매로 보고 확인할 수 있었다. 요셉과 함께하시는 하나님의 존재는 요셉만 느끼고 보는 것이 아니라, 요셉을 노예로 부리는 주인인 보디발까지 분명히 느끼고 확인할 수 있을 정도였다. 이렇게 본다면, 요셉이 형들에게 버림을 받고 애굽에 노예로 팔려와서 과거의 상처에 매이지 않고 자기에게 주어진 일에 적극적으로 충성할 수 있었던 것은 하나님의 위로와 함께하심이 있었기 때문이었다. 하나님께서 요셉의 아픔과 상처를 아셔서 위로하시고, 하나님께서 요셉의 억울함을 풀어주시고, 그가 하는 모든 일에 복을

주셨다. 간단히 말하면, 요셉은 하나님의 위로와 함께하심으로
과거에 경험한 상처의 아픔과 고통에서 벗어나서 현재의 일에
기쁨으로 집중할 수 있었다.

하나님께서 요셉과 함께하심은 그가 억울한 누명을 쓰고 시위대 감옥에 갇혔을 때도 계속되었다(창 39:20-23).

하나님께서 일방적으로 요셉의 아픔을 위로하고, 고난 가운데 있는 요셉과 함께하는 것이 아니라, 요셉도 하나님의 임재를 경험하며 적극적으로 하나님의 인도하심을 믿고 모든 일에 하나님과 함께하는 삶을 살았다. 시위대 감옥에 갇힌 바로의 두 관원장의 꿈을 해석해 줄 때에 요셉이 한 말을 들어보면, 그의 삶 속에서 하나님이 어떤 존재인지를 충분히 알 수 있다.

"그들이 그에게 이르되, 우리가 꿈을 꾸었으나 이를 해석할 자가 없도다. 요셉이 그들에게 이르되 해석은 하나님께 있지 아니하니이까? 청하건대 내게 이르소서"(창 40:8).

요셉은 하나님의 전적인 수권을 인성하면서 자신을 철저하게 하나님의 심부름꾼으로 정의하고 있다. 꿈을 해석하는 분은 하나님이시니까, 그 꿈의 내용을 자기에게 얘기하면 하나님께 물어서 그 꿈의 해석을 전달해 주겠다는 것이다. 다시 말하면, 요셉은 자신을 부르시고, 세우시고, 인도하시는 하나님의 청지기로서 충성스럽게 살았다.

고난과 역경을 불문하고 삶의 어떤 상황에서도 함께하시고

동행하시는 하나님의 절대 주권을 인정하고 살아가는 요셉의
청지기적 소명의식은 애굽왕 바로의 꿈을 해석하는 장면에서도
분명하게 표현된다.

> "바로가 요셉에게 이르되, 내가 한 꿈을 꾸었으나 그것을 해석하는
> 자가 없더니, 들은즉 너는 꿈을 들으면 능히 푼다 하더라. 16) 요셉이
> 바로에게 대답하여 이르되, 내가 아니라 하나님께서 바로에게 편안한
> 대답을 하시리이다"(창 41:15-16).

요셉은 어떤 경우에도 자기의 업적을 내세우거나 자랑하지 않는다.
모든 영광을 자신과 함께하시고 인도하시는 하나님께 돌린다.

간단히 정리하면, 요셉은 아버지 집에서 사랑 받는 아들로
살아갈 때나, 형들에게 배척당하여 애굽에 노예로 팔려갔을 때나,
억울한 누명을 쓰고 감옥에 갇혔을 때나, 처음부터 끝까지 하나님의
임재 가운데 살아가는 '임마누엘'의 삶을 살았다. 요셉이 형들의
배척을 받아서 아버지 집에서 쫓겨날 때 하나님은 그의 고난 가운데
함께하시면서 그를 애굽의 시위대장 보디발의 집으로 인도했다.
보디발의 집에서 누명을 쓰고 거절당할 때는 왕의 죄수들이 갇힌
시위대 감옥으로 인도했다. 시위대 감옥에서 술 맡은 관원장에게
거절당할 때는 바로의 왕궁으로 인도했다. 아무도 상상하지도
못하는 사이에 하나님은 요셉에게 주신 꿈을 이루는 가장 빠른 길로
인도하신 것이다. 때로는 발꿈치를 상하게 하는 아픔과 고통도
있었지만, 요셉은 항상 함께하시는 하나님의 은혜로 모든 상처의
아픔과 고통을 이기고 사탄의 머리를 깨부수는 승리의 삶을 살았다.

내가 하나님을 대신하리이까?

요셉이 하나님께 대해 가졌던 믿음과, 자신이 헤쳐 나온 고난의 인생과, 감당해야 할 사명에 대한 자신의 생각은 그의 인생 고백에 압축적으로 농축되어 있다.

"요셉이 그들에게 이르되, 두려워하지 마소서! 내가 하나님을 대신하리이까?"(창 50:19).

'내가 하나님을 대신하리이까?' 부정적인 면에서든지, 긍정적인 면에서든지, 이 말은 요셉의 믿음과 인생과 사명감을 다 포함하고 있는 고백의 엑기스이다. 부정적인 면에서 본다면, 인생을 살아가면서 경험하게 되는 모든 고난의 문제도 우리의 생각과 통제권 밖에서 벌어지는 것이다. 사실상 우리는 닥치는 고난을 몸으로 맞으면서 헤쳐 나가는 것밖에는 선택의 여지가 없다.

긍정적인 면에서 본다면, 우리가 경험하는 좋은 일들도 우리가 계획하고 만들어서 그렇게 되는 것이 아니다. 하나님께서 주시는 것이다. 어릴 때 하나님을 알지도 못하시던 어른들이 이렇게 말하는 것을 들은 적이 있다: '작은 부자는 노력으로 되고, 큰 부자는 하늘이 내려야 된다' 어릴 때는 이 말의 의미를 제대로 몰랐는데, 인생을 살아가면서 돌아보니 정말로 맞는 말이다. 요셉의 인생 여정은 고난의 세월이나 형통한 때나 모두가 하나님께서 함께하시고 인도하신 결과라는 것을 실증적으로 보여주고 있다. 요셉도 그렇게 고백하고 있다.

'내가 하나님을 대신하리이까?' 인생은 다른 사람들을 원망하고 탓할 문제가 아니다. 근본적인 원인으로 거슬러 올라간다면, 인생은 하나님에 의해서 죄로 오염된 세상에 던져진 것이다. 하나님께서 선하게 창조하신 세상은 죄가 들어옴으로써 전쟁터로 변하고 말았다. 우리 모두는 자신이 의도하지도 않은 환경에 던져졌다. 야곱은 어머니 태중에 쌍둥이로 던져졌고, 요셉은 낯선 땅에 노예로 던져졌고, 예레미야나 다니엘은 역사의 암흑기에 던져졌다. 그렇다고 던져진 인생을 포기하고 도망칠 수도 없다. 던져진 그 상황에서 자기에게 닥치는 모든 고난과 역경을 헤치면서 살아가는 것이 각자가 감당해야 할 사명이다.

던져진 인생에서 부모는 나를 세상으로 보내는 과정에 선택된 통로에 불과하다. 부모가 나를 선택한 것도 아니고, 내가 부모를 선택한 것도 아니다. 세상에 태어나서 보니까 이런 부모를 만났다. 아이를 낳고 보니 이런 자식을 만났다. 모든 선택과 결정은 우리의 생각과 판단 이전에 결정된 것이다. 이와 마찬가지로 모든 인간관계는 내가 살아가면서 겪어야 하는 대상들이다. 나에게 우호적인 사람만 만나면서 살아갈 수도 없다. 자연적 환경이나 역사적 상황도 마찬가지이다. 내가 선택한 것이 아니라, 하필이면 그런 역사적 상황에서 그 지역에 던져진 것이다. 출생을 포함하여 살아가는 인생의 모든 과정에서 내가 주도적으로 판단하고 선택할 수 있는 인생의 조건이 얼마나 되는가?

우리의 인생이 자신의 생각과 판단에 선행하여 던져진

것이라면, 인생은 선택의 문제가 아니라 주어진 상황을 헤쳐 나가야 할 돌파의 문제이다. 자기 자신은 물론이거니와 출생에서부터 시작하여 살아가면서 만나게 되는 다른 사람들에게도 선택권이 없다. 근본적으로 따지자면 모든 선택권은 하나님께 있다. 그렇다면 인생은 하나님과 풀어가야 할 문제이다. 형통한 일을 만났다고 자신을 자랑하면서 거만하게 행동할 필요도 없고, 힘든 역경의 상황을 만났다고 해서 다른 사람을 원망하고 탓할 일도 아니다. 그렇게 한다고 해서 인생의 문제가 해결되는 것도 아니다. 누구도 원망하거나 탓하지 말고, 인생의 모든 문제를 하나님과 풀어가라. 이것이 요셉의 인생고백 속에 함축된 강력한 메시지이다.

'내가 하나님을 대신하리이까?' 이 고백은 요셉의 인생이 가장 힘들고 어려운 시기에 나온 탄식의 고백이 아니라, 그의 인생에서 최고의 영광을 경험하는 절정에서 나오는 찬양의 고백이다. 하나님의 지혜롭고 진실한 청지기로서 모든 형제들과 그들의 가족들을 기꺼이 섬기겠다는 기쁨과 찬양의 고백이다.

창세기에 기록된 요셉의 삶은 여러 가지 면에서 여자의 후손으로 오실 예수 그리스도의 표상이다. 예수님께서 하늘의 영광을 버리시고 인간의 몸을 입고 '임마누엘'로 이 땅에 오셔서 죄인들을 위해서 고난당하시고, 십자가에서 죽으셨지만, 하나님께서는 죽음의 권세에서 예수 그리스도를 살리셨다. 사탄은 여자의 후손의 발꿈치를 상하게 하였지만, 여자의 후손으로 오신 예수 그리스도는 사탄의 머리를 부수고 죽음의 권세에서 영원히 승리하셨다. 죄인들은 예수님을 죽였지만, 예수님은 죽음의 권세를 이기시고 죽음의 권세 아래에서 고통당하는 죄인들을 영원히 구원하셨다.

요셉을 배척하고 그를 죽이려고 애굽에 노예로 팔아버렸던 형들을 향한 요셉의 마지막 고백과 선포는 죄인들을 위해서 십자가에서 죽으시고 부활하신 예수님께서 죄인들을 향하여 선포하시는 메시지와 전혀 다르지 않다.

"당신들은 나를 해하려 하였으나, 하나님은 그것을 선으로 바꾸사 오늘과 같이 많은 백성의 생명을 구원하게 하시려 하셨나니, 21) 당신들은 두려워하지 마소서! 내가 당신들과 당신들의 자녀를 기르리이다 하고, 그들을 간곡한 말로 위로하였더라"(창 50:20-21).

인생의 진정한 위로와 구원은 우리를 위해 고난당하시고 십자가에서 죽으시고 부활하신 예수 그리스도를 통하여 하나님께로부터 오는 것이다.

**치유를 위한
점검과 기도**

1. 현재의 감정과 행동에 지속적으로 영향을 미치는 과거의 크고 작은 상처와 충격이 암호화되어 우리 안에 저장된 트라우마 기억을 우리의 의지적인 노력으로는 치료할 수 없는 이유는 무엇이라고 생각하십니까?

2. 야곱이 한밤중에 얍복 나루에서 하나님의 사자와 밤새도록 씨름한 사건은 야곱이 출생과정에서 경험한 트라우마 사건과 연관해서 어떤 중요한 의미가 있다고 생각하십니까?

3. 하나님과의 지속적인 만남을 통해서 야곱이 경험한 변화는 어떤 것인지 간단히 정리해 봅시다.

**치유를 위한
점검과 기도**

4. 요셉이 받은 상처의 특징은 무엇이라고 생각하십니까? 그리고 고난 가운데 던져진 요셉과 함께 하신 하나님의 모습은 야곱과 함께하신 모습과 비교해서 어떻게 다르다고 생각하십니까?

5. 우리의 출생에서부터 지금까지 살아오면서 발생한 우리의 모든 상처를 알고 계시는 하나님께서 그것들을 드러내 보여주시고, 야곱의 경우처럼 그 사건의 현장에서 우리를 위로하시고, 자존감을 회복시켜주심으로써, 잘못된 믿음에 근거하여 우리 안에 저장된 모든 트라우마 기억이 깨끗이 치유되기를 기도합시다.

Chapter Eight

8
자신의 비전과 사명을 확인하라

하나님의 창조 계획

요셉이 받은 꿈

꿈이 이루어지다

내가 하나님을 대신하리이까?

보시기에 심히 좋았더라

자신의 비전과
사명을 확인하라

8

　내적 치유의 목적은 과거의 상처를 치유하여 현재에 경험하는 고통을 제거하는 것이 아니다. 단순히 고통을 제거하기 위한 치유라면 또 하나의 자기애(나르시시즘)에 빠질 수 있다. 하나님께서 우리 안에서 행하시는 내적 치유의 목적은 과거의 상처로 인한 현재의 고통을 제거하는 수준을 넘어서 아담이 타락함으로 인하여 잃어버렸던 청지기적 사명을 회복하여 그것을 충성스럽게 수행하는 데 있다.

　우리 개개인의 삶은 하나님의 창조 계획이라는 큰 틀 안에서 진행되는 각각의 세부 사항이다. 하나님의 창조 계획이 마음에 들지 않는다고 해서 하나님의 창조세계를 벗어날 수도 없다. 사탄의 유혹에 빠져서 하나님께 불순종하고 거역하는 사람들은 하나님께서 창조하신 세계 안에서 하나님의 피조물로 살아가면서 하나님의 뜻에 거역하고 불순종하는 어리석음에서 벗어나지 못하고 있는 것이다. 이것이 또한 사탄의 한계이며, 불순종하는 자들의 한계이다.

이런 모순적인 행동을 하나님은 참고 기다리신다. 그러나 하나님의 인내는 영원히 지속되지는 않는다.

하나님의 창조세계 안에서 하나님의 피조물이 창조자 하나님의 계획과 뜻에 거역하면서 자기의 뜻을 이루려고 투쟁하는 것이 타락한 세상에서 경험하는 영적 전쟁의 실상이다. 하나님과의 싸움에서 이기려면 하나님께서 창조하신 세계를 벗어나서 자기들이 만든 세상에 거점을 만들고 싸움을 시작해야 최소한의 승리라도 예측할 수 있을 것이다. 그러나 하나님의 창조세계 안에 있으면서 하나님과 싸움을 하는 것은 패배할 수밖에 없는 싸움이다.

우리는 여기서 지혜로운 판단을 해야 한다. 우리가 살아가는 세상은 사탄의 침입으로 인하여 내전이 벌어진 전쟁터이다. 전쟁터에 던져진 사람들에게는 전략적인 판단과 행동이 요구된다. 아무렇게나 살아가도 될 정도로 우리의 현실이 그렇게 한가하지 않다. 첫 번째로 고려할 판단은 하나님께서 창조하신 세계를 벗어나서 하나님과 대등한 싸움을 할 수 있는지를 검토해 봐야 한다. 그럴 가능성이 없다면 선택은 단순해진다. 하나님의 창조세계 안에서 하나님의 뜻을 이루어가는 승리할 수밖에 없는 전쟁을 하든지, 아니면 하나님의 뜻에 거역하고 자신의 뜻을 관철하며 패배할 수밖에 없는 전쟁을 하든지, 둘 중에 하나이다.

전쟁은 조만간 끝이 날 것이다. 전쟁 후에는 반드시 평가가 따를 것이다. 어느 쪽에 서서 어떤 싸움을 할 것인지를 분명히 정하고 행동해야 한다. '자신의 사명과 비전을 확인하라'는 말은 어떤 전략으로, 어떤 전쟁을 할 것인지를 결정하라는 것이다. 좀 더 구체적으로 말하면, 사탄의 거짓된 유혹에 빠지지 말고, 하나님께서 계획하신 창조의 큰 틀 안에서 하나님의 뜻을 이루어가는 승리하는 전쟁에 참여하라는 것이다.

하나님의 창조 계획

하나님은 우주 만물을 창조하시기 전에 분명한 계획을 세우시고 그 계획에 따라서 만물을 창조하셨다. 그 계획과 행동 안에 인간의 창조도 포함되고, 인간을 위한 계획도 포함되어 있다. 창조의 큰 틀 안에서 인간에게 주어진 세부 계획은 이것이다.

"하나님이 이르시되, 우리의 형상을 따라 우리의 모양대로 우리가 사람을 만들고, 그들로 바다의 물고기와 하늘의 새와 가축과 온 땅과 땅에 기는 모든 것을 다스리게 하자 하시고"(창 1:26).

하나님은 창조 계획에 따라서 자신의 뜻을 잘 수행할 수 있는 조건을 갖춘 인간을 창조하시고, 그들에게 사명을 주셨다.

"하나님이 자기 형상 곧 하나님의 형상대로 사람을 창조하시되, 남자와 여자를 창조하시고, 28) 하나님이 그들에게 복을 주시며 하나님이 그들에게 이르시되, 생육하고 번성하여 땅에 충만하라. 땅을 정복하라. 바다의 물고기와 하늘의 새와 땅에 움직이는 모든 생물을 다스리라 하시니라"(창 1:27-28).

이것이 인간을 향한 창조자 하나님의 큰 틀이다. 이런 하나님의 계획안에서 각각의 사람들은 자신에게 주어진 사명을 수행해야 한다.

창조의 큰 틀 안에서 첫 번째 인간인 아담에게 주어진 세부 계획은 하나님께서 창조하신 에덴동산을 경작하고 지키는 것이었다.

"여호와 하나님이 그 사람을 이끌어 에덴동산에 두어 그것을 경작하며 지키게 하시고"(창 2:15).

하나님께서 죄로 인하여 타락한 세상을 홍수로 심판하시면서 그 가운데서 구원하신 노아에게 사명을 주실 때도 창조의 큰 틀을 벗어나지 않았다.

"하나님이 노아와 그 아들들에게 복을 주시며 그들에게 이르시되, 생육하고 번성하여 땅에 충만하라. 2) 땅의 모든 짐승과 공중의 모든 새와 땅에 기는 모든 것과 바다의 모든 물고기가 너희를 두려워하며, 너희를 무서워하리니, 이것들은 너희의 손에 붙였음이니라" (창 9:1-2).

하나님은 여러 민족들 가운데서 특별히 한 사람 아브라함을 불러서 언약 백성을 삼으시면서 그에게 사명을 주실 때도 창조의 큰 틀에서 벗어나지 않았다.

"여호와께서 아브람에게 이르시되, 너는 너의 고향과 친척과 아버지의 집을 떠나 내가 네게 보여 줄 땅으로 가라. 2) 내가 너로 큰 민족을 이루고, 네게 복을 주어 네 이름을 창대하게 하리니, 너는 복이 될지라. 3) 너를 축복하는 자에게는 내가 복을 내리고, 너를 저주하는 자에게는 내가 저주하리니, 땅의 모든 족속이 너로 말미암아 복을 얻을 것이라 하신지라"(창 12:1-3).

하나님은 이 약속을 아브라함의 아들인 이삭에게 확인시켜 주셨고, 손자인 야곱에게도 확인시켜 주셨다.

"하나님이 그에게 이르시되, 나는 전능한 하나님이라. 생육하며 번성하라. 한 백성과 백성들의 총회가 네게서 나오고, 왕들이 네 허리에서 나오리라. 12) 내가 아브라함과 이삭에게 준 땅을 네게 주고, 내가 네 후손에게도 그 땅을 주리라 하시고, 13) 하나님이 그와 말씀하시던 곳에서 그를 떠나 올라가시는지라"(창 35:11-13).

여기서 확인할 수 있는 것은 하나님은 누구에게 사명을 주시든지 창조의 큰 틀을 벗어나지 않는다는 것이다. 역으로 말하면, 우리에게 주어진 모든 사명은 하나님께서 창조하신 큰 틀 안에서, 하나님의 뜻을 이루는 것이어야 한다.

요셉이 받은 꿈

야곱의 여러 아들 중에서 요셉은 다른 아들과 구별되는 특별한 방법으로 하나님께서 주시는 사명을 받았다. 요셉을 포함한 야곱의 모든 아들은 야곱이 세상을 떠나면서 그들에게 행한 유언적인 축복을 통하여 각자 고유한 사명을 부여 받았다(창 49:1-28). 그 이전에 요셉은 하나님으로부터 직접 받은 사명이 있었다.

"요셉이 그들에게 이르되, 청하건대 내가 꾼 꿈을 들으시오. 7) 우리가 밭에서 곡식 단을 묶더니, 내 단은 일어서고 당신들의 단은 내 단을 둘러서서 절하더이다"(창 37:6-7).

요셉은 이와 같은 내용의 꿈을 한 번 더 꾸고, 그것도 아버지와 형들에게 말하였다. 요셉이 꿈을 두 번 연속해서 꾸었다는 것은 요셉에게 꿈을 주신 하나님께서 그것을 확실하게 실행하겠다는 강력한 의지를 표현한 것이다.

요셉의 꿈은 야곱의 가정에 던져진 폭탄과 같았다. 요셉이 통치자가 되는 꿈을 듣고 형제들 간에 분쟁과 갈등이 노골적으로 시작되었다. 여기서 중요한 것은 요셉의 꿈을 어떻게 해석하느냐의 문제이다. 요셉이 통치자가 되는 것은 확실하다. 문제는 요셉의 형들이 생각하는 통치자의 모습이다.

통치자의 모습은 두 가지 관점에서 해석할 수 있다. 하나는, 타락한 아담의 본성을 따라 통치자의 모습을 해석하는 것이다. 아담의 타락한 본성은 모든 관계를 투쟁적 경쟁관계로 생각한다. 아담은 하나님과 같이 되려고 하나님과 경쟁하다가 실패하고 에덴에서 쫓겨났다. 모든 관계를 투쟁적 경쟁관계로 생각하는 아담의 타락한 본성은 다른 사람들 위에 군림하고, 자기를 높이고, 자기를 자랑하는 것이다. 이런 삶의 특징은 '군림'과 '자기과시'이다.

다른 하나는, 아담의 타락한 본성이 아니라 하나님께서 창조하신 원리를 따라 통치자의 모습을 해석하는 것이다. 하나님은 인간을 창조하시면서 인간에게 만물을 다스리는 통치자의 사명을 주셨다. 하나님께서 주신 통치자의 모습은 모든 피조물들 위에 군림하고 자기를 과시하는 폭군적인 통치자의 모습이 아니었다. 하나님의 청지기로서 하나님의 뜻을 따라서 만물들을 지키고 경작하는 사명을 가진 모습이다. 경작의 사명은 통치의 대상을 억압하고 착취하는 것이 아니라, 그것이 가지고 있는 잠재력을 충분히 발휘할 수 있도록 모든 여건을 만들어주는 '청지기적 섬김'이다. 아담의 타락한 본성에서 생각하는 통치자의 모습이 '군림'과 '자기과시'라면, 하나님의 창조 원리에서 생각하는 통치자의 모습은 '청지기적 섬김'과 '자기희생'이다.

요셉의 형들은 요셉의 꿈을 어떻게 해석했을까? 만약에 하나님의 창조원리에서 요셉이 받은 통치자의 사명을 이해했다면 요셉을 미워하거나 그의 꿈이 이루어지지 못하도록 방해하고 폭력을 행사할 이유는 전혀 없다. 그러나 타락한 아담의 본성에서 요셉의 꿈을 이해했다면 이것은 정말로 참기 힘든 상황이 벌어진 것이다. 가장 어린 요셉이 자기들 위에 군림하면서 자신을 과시하는데, 형들은 경쟁에서 패배한 패배자로 요셉에게 굴복하는 그림은 상상하기도 싫은 상황이 아닐 수 없다. 요셉의 꿈 이야기를 들은 형들이 그를 미워하고, 배척하고, 꿈이 이루어지지 못하도록 폭력을 휘두른 것을 보면, 요셉의 형들이 가진 생각이 어떤 것이었는지 분명해진다.

그렇다면 하나님은 어떤 그림을 가지고 요셉에게 통치자의 꿈을 주셨을까? 요셉에게 꿈을 주실 때 하나님은 요셉이 행사할 통치자의 모습이 어떤 것인지 구체적으로 설명해 주시지 않았다. 하나님께서 요셉에게 주신 통치자의 모습이 구체적으로 어떤 것인지는 하나님께서 요셉을 통해서 이루어가는 삶의 모습을 보고 알 수 있다.

꿈이 이루어지다

요셉의 꿈은 정확하게 이루어졌다. 요셉의 단은 일어서고, 형들의 단은 요셉의 단을 둘러서서 절을 했다. 온 천하에 엄습한 기근 가운데서 요셉은 양식을 파는 애굽의 총리의 자리에 앉아 있었고, 요셉의 형들은 양식을 구하러 애굽에 온 사람들 속에 섞여서 요셉에게 엎드려 절했다.

> "때에 요셉이 나라의 총리로서 그 땅 모든 백성에게 곡식을 팔더니, 요셉의 형들이 와서 그 앞에서 땅에 엎드려 절하매, 7) 요셉이 보고 형들인 줄을 아나 모르는 체하고 엄한 소리로 그들에게 말하여 이르되, 너희가 어디서 왔느냐? 그들이 이르되 곡물을 사려고 가나안에서 왔나이다"(창 42:6-7).

요셉의 형들은 요셉이 아니라 애굽의 총리에게 절을 했다. 그것도 여러 번 했다(창 43:26; 44:14). 일상적인 상황에서 애굽의 총리에게 예의를 갖춘 것이 아니라 그들의 생명을 구걸하면서 비참한 모습으로 매달렸다. 요셉은 자신의 꿈을 기억하고 있었으며, 자신의 꿈이 이루어지지 못하도록 그렇게도 방해한 형들이 자기 앞에 엎드려 있는 모습을 보고 있었다. 요셉의 형들이 알지도 못하는 사이에 그들이 상상하기도 싫었던 그 모습 그대로 요셉의 꿈은 이루어지고 말았다.

요셉의 형들은 요셉인지도 모르고 요셉에게 엎드린 것만이 아니었다. 애굽의 총리가 그들의 동생인 요셉인 줄 알고도 요셉 앞에 나아와서 땅에 엎드려 그들의 생명을 구걸하였다.

"그의 형들이 또 친히 와서 요셉의 앞에 엎드려 이르되 우리는 당신의 종들이니이다"(창 50:18).

요셉의 꿈은 그의 형들이 모르는 사이에도 이루어졌고, 형들이 알고도 자발적으로 요셉의 꿈이 이루어지게 만들어 주었다. 여기까지만 본다면, 하나님께서 요셉에게 주신 통치자의 모습은 타락한 아담의 본성을 따라간 전형적인 '군림'과 '자기과시'였다. 이것이 진짜 하나님께서 원하시는 통치자 요셉의 모습이었을까?

하나님께서 요셉을 통해서 보여주고자 하는 통치자의 모습은 아담의 본성을 따라서 다른 사람 위에 군림하고 자기를 과시하는 모습이 아니었다. 하나님께서 요셉의 삶을 통해서 보여주시고자 했던 통치자의 특성은 세 가지로 요약될 수 있다.

첫째는 경작하는 자로서의 통치자이다. 경작의 핵심은 자신에게 맡겨진 대상을 잘 관리해서 그들이 가지고 있는 잠재력을 충분히 발휘하게 해서 함께 기뻐하고 즐거워하는 것이다.

요셉은 노예로 팔려온 보디발의 집에서 경작자로서의 사명을 충실히 수행하였다.

"그가 요셉에게 자기의 집과 그의 모든 소유물을 주관하게 한 때부터 여호와께서 요셉을 위하여 그 애굽 사람의 집에 복을 내리시므로, 여호와의 복이 그의 집과 밭에 있는 모든 소유에 미친지라"(창 39:5).

요셉은 시위대 감옥에서도 경작자로서의 사명을 충실히 감당했다.

"간수장은 그의 손에 맡긴 것을 무엇이든지 살펴보지 아니하였으니, 이는 여호와께서 요셉과 함께 하심이라 여호와께서 그를 범사에 형통하게 하셨더라"(창 39:23).

뿐만 아니라 요셉은 애굽의 총리로서도 경작자의 사명을 충실히 수행하였다.

"요셉이 백성에게 이르되, 오늘 내가 바로를 위하여 너희 몸과 너희 토지를 샀노라. 여기 종자가 있으니 너희는 그 땅에 뿌리라. 24) 추수의 오분의 일을 바로에게 상납하고, 오분의 사는 너희가 가져서 토지의 종자로도 삼고, 너희의 양식으로도 삼고 너희 가족과 어린 아이의 양식으로도 삼으라"(창 47:23-24).

요셉은 언제 어디서나 맡겨진 일이 무엇이든지 간에 자기에게 맡겨진 대상들의 잠재력을 충분히 발휘하게 하는 지혜로운 경작자로서의 사명을 충성스럽게 수행하였다. 집안의 일을 맡았으면 그 집안을 잘 경작하였고, 감옥의 일을 맡았으면 감옥을 잘 경작하였고, 나라의 일을 맡았으면 나라를 잘 경작하였다.

둘째는 하나님의 청지기로서의 통치자이다. 요셉의 직책은 처음부터 끝까지 총무였다. 아버지 집에 있을 때는 아버지의 심부름을 잘 감당하는 아들이었다. 보디발의 집에 노예로 팔려왔을 때는 보디발의 집안의 제반 업무를 총괄하는 총무였다.

"요셉이 그의 주인에게 은혜를 입어 섬기매, 그가 요셉을 가정 총무로 삼고 자기의 소유를 다 그의 손에 위탁하니"(창 39:4).

시위대 감옥에 갇혔을 때는 감옥의 업무를 총괄하는 총무였다.

"간수장이 옥중 죄수를 다 요셉의 손에 맡기므로 그 제반 사무를 요셉이 처리하고"(창 39:22).

애굽왕 바로의 부름을 받았을 때는 한 국가의 총무로서 나라 전체의 일을 관장하고 다스렸다.

"너는 내 집을 다스리라. 내 백성이 다 네 명령에 복종하리니, 내가 너보다 높은 것은 내 왕좌뿐이니라. 41) 바로가 또 요셉에게 이르되, 내가 너를 애굽 온 땅의 총리가 되게 하노라 하고"(창 41:40-41).

한 나라의 총무를 사람들은 총리라고 부른다.

요셉은 직책상 항상 총무의 일을 수행하였다. 오늘날의 직제로 말하면 한 번도 회장이 되는 최고 결정권자의 자리에 오르지는 않았다. 요셉은 자기에게 어떤 업무와 재량권이 주어지든지 자기 스스로를 최고의 결정권자라고 생각하지 않았다. 궁극적으로 요셉은 하나님의 결정권을 받들어 수행하는 하나님의 영원한 총무였다. 하나님의 진실하고 지혜로운 청지기로서의 사명을 충성스럽게 감당하였다.

셋째는 만민에게 복을 주는 축복의 통로로서의 통치자이다. 요셉을 통해서 보디발의 집이 복을 받았다.

"그가 요셉에게 자기의 집과 그의 모든 소유물을 주관하게 한 때부터, 여호와께서 요셉을 위하여 그 애굽 사람의 집에 복을 내리시므로, 여호와의 복이 그의 집과 밭에 있는 모든 소유에 미친지라"(창 39:5).

요셉으로 인하여 시위대 감옥이 복을 받았고(창 39:23),

요셉으로 인하여 애굽뿐만 아니라 온 세상이 기근에서 구원을 받는 복을 받았다.

"애굽 온 땅이 굶주리매 백성이 바로에게 부르짖어 양식을 구하는지라. 바로가 애굽 모든 백성에게 이르되 요셉에게 가서 그가 너희에게 이르는 대로 하라 하니라. 56) 온 지면에 기근이 있으매, 요셉이 모든 창고를 열고 애굽 백성에게 팔새 애굽 땅에 기근이 심하며, 57) 각국 백성도 양식을 사려고 애굽으로 들어와 요셉에게 이르렀으니, 기근이 온 세상에 심함이었더라"(창 41:55-57).

더 나아가서 요셉이 통치자가 되는 것을 그렇게도 싫어하고 방해하였던 형들도 요셉으로 인하여 기근에서 구원을 받고 그들의 장래와 그들의 후손의 장래가 보장되는 복을 받았다.

"당신들은 나를 해하려 하였으나, 하나님은 그것을 선으로 바꾸사, 오늘과 같이 많은 백성의 생명을 구원하게 하시려 하셨나니, 21) 당신들은 두려워하지 마소서! 내가 당신들과 당신들의 자녀를 기르리이다 하고, 그들을 간곡한 말로 위로하였더라"(창 50:20-21).

요셉은 하나님께서 자신을 통치자로 세운 목적이 무엇인지를 분명히 알고 그것을 충실히 수행하였다.

하나님께서 요셉을 통치자로 세운 목적은 다른 사람들 위에 군림하고 지배하라고 세우신 것이 아니라, 많은 백성들의 생명을 구원하고, 축복의 통로로 사용하기 위해서 세우신 것이다.

요셉의 형들은 요셉을 통치자로 세우시려는 하나님의 계획도 알지 못하면서 요셉의 꿈을 그렇게도 싫어하였고, 그 꿈이 이루어지는 것을 수단과 방법을 가리지 않고 방해하였다.

결과적으로 그들의 행동은 타락한 아담의 본성에 젖어서 하나님의 뜻에 거역하는 것이었다. 그럼에도 불구하고 하나님은 요셉과 함께하시면서 사탄의 하수인 노릇 하는 형들과 그 외의 여러 사람들의 악한 행동을 적절하게 억제시키면서 요셉을 통해서 이루시고자 계획하신 구원 계획을 완성하셨다.

하나님께서 요셉을 통해서 구체적 행동으로 보여주신 구원은 장차 여자의 후손으로 오실 예수 그리스도를 통해서 이루실 우주적 구원의 예고편이다.

내가 하나님을 대신하리이까?

하나님의 진실하고 지혜로운 청지기로서 하나님의 뜻을 이루어가는 요셉은 자기 나름대로 확실한 행동 원칙을 가지고 있었다. 요셉은 자신의 행동 원칙을 어떤 유혹과 고난 앞에서도 포기하지 않았다. 심지어는 자신의 생명이 위협을 받는 상황에서도 그 원칙을 포기하지 않고 지켰다. 이런 면에서 '나의 습관이 나의 영성'이라는 원칙은 요셉에게도 정확하게 적용된다.

요셉이 위기의 순간마다 고백한 그의 고백은 그의 행동원칙이 어떤 것인지를 잘 보여 준다. 요셉의 고백에 근거해서 볼 때 그가 정한 행동원칙은 적어도 세 가지로 정리될 수 있다.

첫째, 요셉은 어떤 경우에도 사탄의 유혹에 빠져서 하나님의 뜻을 거역하는 악을 행하지 않겠다는 확고한 원칙을 가지고 있었다.

"이 집에는 나보다 큰 이가 없으며, 주인이 아무것도 내게 금하지 아니하였어도 금한 것은 당신뿐이니, 당신은 그의 아내임이라. 그런즉 내가 어찌 이 큰 악을 행하여 하나님께 죄를 지으리이까?"(창 39:9).

요셉은 마음만 먹으면 자기가 하고 싶은 대로 다 할 수 있는 충분한 조건이 갖추어져 있었다. 그러나 그의 결의는 단호하였다. '내가 어찌 이 큰 악을 행하여 하나님께 죄를 지으리이까?' 이 일로 인해서 요셉은 누명을 쓰고 시위대 감옥에 갇히는 엄청난 고난을 당했다.

둘째, 요셉은 어떠한 경우에도 자신의 명예와 영광을 하나님의 영광보다 앞세우지 않겠다는 원칙을 가지고 있었다. 좀 더 구체적으로 말하면, 요셉은 한 번도 자신의 명예와 영광을 추구하거나 내세우지 않았다. 요셉은 시위대 감옥에 갇혀 있는 이방인 노예로 팔려온 죄수의 신분이었지만, 그가 꿈을 잘 해석한다는 명성은 애굽의 왕궁에 있는 바로에게까지 들렸다. 꿈을 꾸고 그 뜻을 해석하지 못하고 답답해하던 바로는 요셉을 불러서 그의 명성을 칭찬하면서 꿈을 해석해 줄 것을 요청했다. 그런 바로의 요청에 요셉은 이렇게 대답한다.

"바로가 요셉에게 이르되, 내가 한 꿈을 꾸었으나 그것을 해석하는 자가 없더니, 들은즉 너는 꿈을 들으면 능히 푼다 하더라. 16) 요셉이 바로에게 대답하여 이르되, 내가 아니라 하나님께서 바로에게 편안한 대답을 하시리이다"(창 41:15-16).

요셉은 자신의 명예와 영광을 전적으로 하나님께 돌렸다. 실제로 그것은 사실이었다. 요셉에게 지혜를 주신 것은 어떤 역경 가운데서도 항상 그와 함께하시는 '임마누엘' 하나님이었다.

셋째, 요셉은 어떤 경우에도 '군림'과 '자기과시'가 아니라 하나님의 진실하고 지혜로운 청지기로서 섬김의 삶을 살겠다는 원칙을 가지고 있었다.

"요셉이 그들에게 이르되 두려워하지 마소서! 내가 하나님을 대신하리이까?"(창 50:19).

'내가 하나님을 대신하이리까?' 라는 말은 요셉의 믿음과 인생관과 사명감이 다 들어있는 총체적 인생 고백이요, 하나님께 대한 충성 서약이다.

요셉은 어린 나이에 죄로 오염된 치열한 전쟁터에 던져져서 인간으로서는 도저히 견디기 힘든 여러 종류의 충격과 아픔과 상처를 경험하였다. 그러나 항상 하나님과 함께하면서 그의 모든 트라우마를 깨끗이 치료 받았기 때문에, 과거의 상처에 얽매이지 않고 현재 자신에게 주어진 사명에 기쁨으로 충성할 수 있었다.

요셉이 자신에게 주어진 구체적인 삶의 현장에서 실천했던 행동 원칙과 인생 고백은 하나님의 진실하고 지혜로운 청지기가 가져야 할 모범 답안이다.

보시기에 심히 좋았더라

창세기는 요셉을 통하여 아름다운 모습으로 마무리된다 happy ending. 하나님께서 요셉에게 주신 통치자가 되리라는 꿈은 야곱의 가정에 폭탄으로 던져졌다. 아담의 타락한 본성을 가지고 요셉의 꿈을 듣고 이해한 형들은 요셉의 꿈이 이루어지는 것을 도저히 참을 수가 없었다. 왜냐하면 요셉이 통치자가 된다는 것은 곧 자기들의 패배와 굴욕을 의미하기 때문이다.

사탄이 아담에게 불어넣은 타락한 본성은 모든 것을 투쟁적 경쟁관계로 보기 때문에 '그의 마음으로 생각하는 모든 계획이 항상 악할 뿐'(창 6:5)이다. 모든 것을 투쟁적 경쟁 관계로 느끼고 생각하고 행동하는 타락한 본성은 다른 사람들의 기쁨을 기쁨으로 받아들이지 못한다. 서로 시기하고, 질투하고, 방해하고, 투쟁하기 때문에 공동체 안에서 아름다운 조화와 협력을 이룰 수가 없다. 인간의 타락한 본성 때문에 하나님께서 창조하신 '보시기에 심히 좋았더라'(창 1:31)는 창조의 아름다운 모습은 깨어져 버렸다. 사탄이 인간에게 불어넣은 죄와 그 후유증이 얼마나 심각하고 무서운 것인지를 보여주는 구체적인 증거이다.

하나님은 요셉의 삶을 통해서 통치자의 꿈을 실현시켜 주셨다. 그런데 요셉이 실현한 통치자의 모습은 타락한 본성이 생각했던 그런 모습의 통치자가 아니었다. 오히려 타락 이전에 하나님께서 아담에게 주셨던 만물을 경작하는 청지기의 모습이었다. 하나님께서 항상 요셉과 함께하심으로 사탄이 창조세계를 오염시킨 타락한 본성이 요셉 안에서 전혀 작동하지 못했다. 하나님은 요셉 안에서 죄의 영향력을 철저하게 억제하시고, 타락 이전에 아담에게 주셨던 창조 본성을 활성화시켜서 다른 사람들을 섬기고 봉사하는 청지기적 통치자의 꿈을 실현시키셨다.

<mark>요셉이 구체적인 삶의 현장에서 실천했던 성품은 하나님의 은혜로 타락한 본성을 극복하고 아담이 잃어버렸던 창조 본성을 회복한 것이다. 이것은 장차 여자의 후손으로 오실 예수 그리스도 안에서 회복될 거듭난 본성을 보여 주는 것이다.</mark>

요셉 안에서 회복된 창조 본성이 창세기를 아름답게 마무리한 것이다. 요셉을 통하여 아름답게 마무리되는 창세기의 결론은 창세기 1장의 결론을 회복한 것이다. 타락한 본성에 젖어 있던 요셉의 형들은 요셉에게 와서 그들의 생명을 구걸하였다.

"그의 형들이 또 친히 와서 요셉의 앞에 엎드려 이르되 우리는 당신의 종들이니이다"(창 50:18).

타락한 본성에서 생명을 구걸하는 형들에게 요셉은 타락한 본성이 아니라 하나님께서 항상 함께하심으로 회복된 창조 본성으로 대답하였다.

"요셉이 그들에게 이르되, 두려워하지 마소서! 내가 하나님을 대신하리이까? 20) 당신들은 나를 해하려 하였으나, 하나님은 그것을 선으로 바꾸사, 오늘과 같이 많은 백성의 생명을 구원하게 하시려 하셨나니, 21) 당신들은 두려워하지 마소서! 내가 당신들과 당신들의 자녀를 기르리이다 하고, 그들을 간곡한 말로 위로하였더라"
(창 50:19-21).

요셉의 답변은 얼마나 감동적이고 아름다운가? 요셉에게 통치자의 꿈을 주시고, 그 꿈을 실현시켜 주신 하나님께서 이 장면을 보시고 무엇이라고 평가하시겠는가? '하나님이 그 행하신 모든 것을 보시니 보시기에 심히 좋았더라'(창 1:31)고 평가하시지 않겠는가?

'보시기에 심히 좋았더라' 삶의 전 영역을 이런 모습으로 만들어가는 것이 하나님께서 세상을 창조하신 목적이요, 죄로 오염되고 타락한 세상에서 우리에게 치료와 회복의 은혜를 베푸시는 목적이다.

치유를 위한 점검과 기도

1. 하나님의 창조 계획은 무엇이며, 그 안에서 인간에게 주어진 사명은 무엇인지 간단히 정리해 봅시다. 그리고 자신에게 주신 하나님의 구체적인 사명과 비전은 무엇인지 생각해 봅시다.

2. 요셉은 통치자가 되는 꿈을 꾸고, 형들에게 그 꿈 이야기를 했습니다. 요셉의 꿈 이야기를 들은 그들이 생각했던 통치자의 모습은 어떤 것이었다고 생각하십니까?

3. 하나님께서 요셉을 통해서 이루신 통치자의 특성은 어떤 것인지 세 가지로 정리해 봅시다. 이것이 요셉의 형들이 생각했던 통치자의 모습과 어떻게 다르다고 생각하십니까?

4. 요셉은 하나님의 청지기로서 자신의 삶을 이끌어가는 분명한 행동원칙을 가지고 있었습니다. 그 원칙이 무엇인지 간단히 정리해 봅시다. 그리고 우리는 그것을 삶의 현장에서 어떻게 적용하고 있는지 점검해 봅시다.

5. 하나님의 창조 계획 안에서 우리에게 맡겨주신 청지기적 사명을 잘 감당하여, 삶의 모든 영역에서 '보시기에 심히 좋았더라'는 모습이 이루어지기를 기도합시다.

청지기 영성훈련 특강 3
마음의 상처를 치유하라

초판 1쇄 | 2016년 9월 10일 발행
지은이 | 최재호
펴낸이 | 김용상
펴낸곳 | 주식회사 힐링
주소 | 서울시 영등포구 국회대로 76길 10. 침례총회빌딩 B101
전화 | 02-939-8868(대표)
팩스 | 02-934-8868
편집기획 | 남대니
디자인 | 한국선거연구소
마케팅 | 남예인
인쇄 | (주)금강인쇄
ⓒ최재호, 2016
ISBN 979-11-85630-24-3 03230
홈페이지 | www.i-healing.co.kr
이 책에 실린 글과 이미지의 무단전재.복제를 금합니다.
이 책 내용의 전부 또는 일부를 재사용하려면
반드시 저자와 출판사의 동의를 받아야 합니다.
책값은 뒤표지에 있습니다.
파본은 구입처에서 교환해 드립니다.